청소년지도사 2·3급

면접시험 대비 가이드북

김진희 지음

에듀컨텐츠·휴피아

청소년지도사 2·3급
면접시험 대비 가이드북

지은이 **김 진 희**

발행일 2021년 05월 20일
펴낸이 李 相 烈
펴낸곳 도서출판 에듀컨텐츠휴피아
출판등록 제2017-000042호 (2002년 1월 9일 신고등록)
주　소 서울 광진구 자양로 28길 98, 동양빌딩
전　화 (02) 443-6366
팩　스 (02) 443-6376
이메일 iknowledge@naver.com
Web http://cafe.naver.com/eduhuepia
만든이 기획·김수아 · 책임편집·이진훈 황혜영 이가은 박하나
　　　　디자인·유충현 · 영업·이순우

ISBN 978-89-6356-303-9 (13370)
정　가 13,000원

ⓒ 2021, 김진희, 도서출판 에듀컨텐츠휴피아

> ✽ 본 책은 저작권법에 따라 보호받는 저작물이므로 무단 전재와 복제를 금지하며, 이 책 내용의 전부 또는 일부를 이용하려면 반드시 저작권자 및 도서출판 에듀컨텐츠휴피아의 서면 동의를 받아야 합니다.

머리말

'청소년지도사' 국가자격 시험에 학생들의 면접시험 합격률을 높이기 위해 기본이론 학습의 주요 내용인 청소년지도사로서의 역할·자질, 청소년정책 및 관련법률, 청소년수련활동, 청소년문화, 청소년 문제와 보호 등 다양한 영역자료를 정리하고, 학생들의 모의면접을 준비하면서 정리한 예상문제와 면접시험을 본 학생들의 협조를 통해 만든 기출문제들을 분석하여 가이드북을 만들었습니다.

청소년지도사 2차 면접시험의 평가기준은 청소년지도사로서의 가치관 및 정신자세, 예의·품행 및 성실성, 의사발표의 정확성 및 논리성, 청소년에 관한 전문지식과 그 응용능력, 창의력과 의지력, 지도력 등 5개 평가 항목을 기본으로 제시하고 있습니다.

이에 책의 구성은 Chapter 1, Chapter 2, Chapter 3, Chapter 4로 구분하였습니다. 첫째, Chapter 1에서는 면접시험 준비사항 및 평가 기준에 대해 자세히 설명하였고, 둘째, Chapter 2의 면접의 준비는 청소년 관련 법률 및 정책, 법적 기구의 정리, 청소년 사업의 이해, 청소년에 관한 지식과 응용으로 영역별 내용을 체계적으로 정리하였으며, 셋째, Chapter 3의 경우는 실제면접문제 복원으로 공통적이며 자주 출제되는 질문내용을 취합하여 정리하였습니다. 넷째, Chapter 4는 면접시험 평가항목인 청소년지도사로서 가치관 및 정신자세, 청소년에 관한 지식과 응용능력, 창의력과 의지력, 지도력 항목으로 구분하고 최근 출제경향을 분석하여 2차 면접시험 준비에 만전을 기하였습니다.

이 책을 통해 청소년지도사 자격검정에 대한 이해를 넓히고, 단기간에 최고의 효율을 얻을 수 있을 것입니다. 청소년지도사를 꿈꾸는 후배 청소년지도사들에게 많은 도움이 되기를 바랍니다.

수험생 모두의 합격을 기원합니다.

끝으로 이 책의 발간에 큰 도움을 준 도서출판 에듀컨텐츠휴피아의 이상렬 대표를 비롯한 임직원 여러분께 진심으로 감사드립니다.

2021년 4월

김 진 희

차 례

■ 머리말 ·· iii

Chapter 1. 청소년지도사 면접의 이해

1. 면접시험 평가항목 ··· 3
2. 면접시험 평가항목의 이해 ··· 4
3. 면접시험 주의사항 ··· 7
4. 평가내용 ··· 9
5. 답변의 준비 ··· 10
6. 면접관은 어떻게 면접에 임할까? ··· 11

Chapter 2. 면접의 준비

1. 청소년관련 법률 및 정책 ··· 13
   1) 청소년관련 법률 ·· 13
   2) 용어의 정의 ·· 18
   3) 제6차 청소년정책기본계획(2018~2022) ··························· 21
   4) 청소년헌장 ·· 22

2. 법적 기구의 정리 ··· 23
   1) 청소년참여기구 ·· 23
   2) 청소년활동의 법적 정의와 종류 ·· 25
   3) 청소년관련시설의 종류와 정의 ·· 27
   4) 청소년활동시설의 유형 ·· 27
   5) 5대 국립청소년시설 ·· 29
   6) 청소년복지지원법에 따른 청소년 정책 ··························· 30
   7) 청소년복지시설의 종류 ·· 31
   8) 한국청소년활동진흥원 ·· 32
   9) 한국청소년상담복지개발원 ·· 33
   10) 청소년상담복지센터 ·· 33
   11) 한국청소년정책연구원 ·· 34

12) 청소년육성 전담공무원 및 전담기구 설치 ················ 34
　　13) 청소년 육성기금 ··· 35
　　14) 청소년정책 전달체계 ··· 35
　　15) 청소년단체 ··· 36
　　16) 청소년지도사 및 청소년상담사의 배치기준 ············ 37

3. 청소년 사업의 이해 ··· 39
　　1) 청소년수련활동인증제도 ··· 40
　　2) 청소년수련활동신고제 ·· 43
　　3) 국제청소년선취포상제 ·· 44
　　4) 청소년자기도전포상제 ·· 45
　　5) 청소년방과후아카데미 ·· 46
　　6) 청소년어울림마당 ·· 47
　　7) 지역사회청소년통합지원체계(CYS-Net) ················· 48
　　8) 청소년동반자(YC) 프로그램 ··································· 49
　　9) 청소년쉼터 ·· 49
　　10) 학교 밖 청소년 지원센터(꿈드림센터) ··················· 51
　　11) 청소년유해환경감시단 ··· 52
　　12) 청소년 인터넷·스마트폰 중독 예방 및 해소 지원사업 ··· 52
　　13) 학교 밖 청소년 건강검진 사업 ····························· 53
　　14) 청소년복지지원법에 따른 청소년 정책 ·················· 53
　　15) 청소년증 ··· 54
　　16) 특별지원사업의 특별지원청소년 ···························· 55

4. 청소년에 관한 지식과 응용 ·· 56
　　1) 창의적 체험활동 ·· 56
　　2) Wee 사업 ·· 56
　　3) 학업중단숙려제 ·· 57
　　4) 방과후학교 ·· 57
　　5) 지역아동센터 ··· 57
　　6) 청소년문화의 종류 ··· 58
　　7) 청소년 문제 ··· 60
　　8) 청소년 문제의 요인 ··· 60

9) 청소년 성매매에 대한 원인과 대처방안 ·············· 61
10) 집단따돌림 ·············· 62
11) 아동·청소년성범죄자 신상공개제도 ·············· 63
12) 청소년활동 프로그램 개발과정 ·············· 64

5. 청소년 연구이론 ·············· 65
1) 피아제의 인지발달이론 ·············· 65
2) 에릭슨의 심리사회적 발달이론 ·············· 66
3) 프로이트의 정신분석이론 ·············· 68
4) 마르샤의 정체감 지위 이론 ·············· 69
5) 반두라 사회학습이론 ·············· 70

Chapter 3. 실제면접문제 복원

1. 청소년지도사로서의 가치관 및 정신자세 ·············· 71
2. 청소년관련 정책 및 법령 ·············· 72
3. 청소년활동과 수련 ·············· 73
4. 청소년관련 지식 ·············· 74
5. 청소년 문제행동 ·············· 76
6. 새로 추가된 정책 및 이슈 ·············· 77
7. 이론 ·············· 78
8. 2020년 28회 면접 질문내용 요약 ·············· 79

Chapter 4. 실제 예상문제

1. 청소년지도자로서 가치관 및 정신자세 ·············· 82
2. 청소년에 관한 지식과 응용능력 ·············· 88
3. 창의력과 의지력, 지도력 ·············· 137
■ 최종 파이널 예상문제 ·············· 144
■ 새로이 추가된 정책이나 시사용어 ·············· 149

■ 참고문헌 ·············· 152

청소년지도사 2·3급

면접시험 대비 가이드북

김진희 지음

에듀컨텐츠·휴피아

에듀컨텐츠·휴피아
CH Educontents. Huepia

Chapter 1. 면접시험 평가사항 및 준비

■ 주최 : 여성가족부
■ 주관 : 산업인력공단(원서접수, 필기시험, 면접시험 운영)

1. 면접시험 평가항목

평가항목	평정 기준 점수			평정 점수
1. 청소년지도사로서 가치관 및 정신자세 - 청소년에 대한 기본 이해 - 사명감과 지도 철학 - 사회적 책임과 의무	상: 3점	중: 2점	하: 1점	
2. 용모·예의·품행 및 성실성 - 사용용어의 적절성 - 자질 및 태도 - 성실한 답변을 위한 노력성	상: 3점	중: 2점	하: 1점	
3. 의사발표의 정확성 및 논리성 - 질문내용에 대한 이해 답변의 정확성 - 논리적인 의사표현 능력 - 원활한 의사소통을 위한 전문성	상: 3점	중: 2점	하: 1점	
4. 청소년에 관한 지식과 그 응용능력 - 청소년 관련 법령 및 정책에 대한 이해 - 청소년 분야에 대한 기초 및 전문지식 - 청소년활동 프로그램에 대한 이해 및 운영능력	상: 3점	중: 2점	하: 1점	
5. 창의력과 의지력, 지도력 - 환경변화에 따른 창의적인 청소년 지도능력 - 긴급 위기상황 발생 시 문제해결 및 대처능력 - 개인적 역량 강화 및 발전방안	상: 3점	중: 2점	하: 1점	
합 계				

※ 합격기준은 면접시험위원 전원의 면접시험 평정점수 합계를 **평균하여 10점(15점 만점)이상**을 얻은 자를 **합격자**로 한다. 다만, 면접시험위원의 **2인 이상이 어느 하나의 평가항목에 대하여 "하(1점)"** 로 평정한 때에는 평균점수와 관계없이 **불합격** 처리한다.

2. 면접시험 평가항목의 이해

1) 청소년지도사로서의 가치관 및 정신자세

(청소년에 대한 기본 이해, 사명감과 지도 철학, 사회적 책임과 의무)

청소년지도사 지원동기, 청소년지도사에 대한 소명의식, 바람직한 청소년지도자상, 청소년지도사가 갖추어야 할 덕목 등에 대한 가치관을 분명하게 정립해야 한다. 정성적 질문이기 때문에 정해진 정답이 없는 질문이기도 하다. 청소년지도사로서의 가치관 및 정신자세가 상식의 범주를 벗어나지 않는다면 보통의 점수는 받을 수 있다고 본다.

① 청소년지도사가 되고자 하는 동기는 무엇인가?
② 청소년지도사가 갖추어야 할 덕목은 무엇이라고 생각하는가?
③ 바람직한 청소년지도자상은 무엇이라고 생각하는가?
④ 청소년지도에 있어서 특별한 철학이나 접근법이 있다면 무엇인가?
⑤ 청소년들과 거리를 좁히기 위해 지도자들은 어떤 태도를 취해야 할 것인가?

2) 용모·예의·품행 및 성실성

(사용용어의 적절성, 자질 및 태도, 성실한 답변을 위한 노력성)

인사하는 법과 말하는 태도의 적절성, 표현하는 언어의 적절성, 청소년지도사로서의 자질과 긍지, 성실한 답변을 위한 노력 정도 등에 대해 준비하는 것이 필요하다.

용모·예의·품행은 선입관을 결정한다. 면접에서의 예의는 무엇일까? 인사가 첫인상을 결정한다는 데에는 이의가 없을 것이다. 입장할 때 공손하게 인사하자. 나머지는 여러분이 일상에서 윗사람에게 당연하게 갖추어야 하는 예의면 충분하다. 면접관의 질문을 끝까지 잘 듣고 문제의 핵심을 파악하여 답변하고, 옆 사람의 질문과 답변도 경청하면 된다. 성실성은 여러분이 면접에 임하는 태도에 따라 면접관들이 자연스럽게 느끼는 그 무엇이라고 생각한다.

① 복장, 인사하는 법, 말하는 태도는 어떠한가?
② 표현하는 언어는 어떠한가?
③ 성실한 답변을 하려고 노력하는가?

3) 의사발표의 정확성 및 논리성

(질문내용에 대한 이해 답변의 정확성, 논리적인 의사표현 능력, 원활한 의사소통을 위한 전문성)

　의사발표의 정확성 및 논리성은 면접항목의 제목 그대로 답변 내용이 정확해야 하고, 논리성을 갖추어야 한다. 일반적으로 논리성이라고 하면 기승전결을 생각하는데, 짧은 시간에 기승전결을 다 말하는 것은 불가능하므로 여기서는 주장과 근거, 목적이나 개요를 먼저 말하고, 자세한 설명을 하는 두괄식으로 답변할 것을 권한다.
① 인터넷을 통한 음란물 범람에 대해 어떻게 대처할 것인가?
② 청소년 사이에서 유행하는 음악에 대한 자신의 생각을 말해보시오.
→ 이런 질문을 하면서 의사발표의 정확성과 논리성을 평가합니다.

4) 청소년에 관한 지식과 그 응용능력

(청소년 관련 법령 및 정책에 대한 이해, 청소년 분야에 대한 기초 및 전문지식, 청소년활동 프로그램에 대한 이해 및 운영능력)

　이 면접항목은 전문지식이기 때문에 정량적 질문이며, 답변도 1~2분을 해야 하는 당락을 결정짓는 중요한 문항이다. 청소년지도사라면 당연하게 숙지해야 할 내용에 관한 질문으로 법률에 근거하여 정확하게 옳고 그름을 판단할 수 있는 문제이거나, 실제 실행 중인 사업에 근거한 문제가 출제되기 때문에 정확하게 이해해야 한다. 내용도 광범위하여 미리 계획을 세우고 준비하지 않으면 좋은 결과를 얻기 힘들다. 따라서 면접 준비의 모든 역량을 여기에 맞추어야 한다.
① 최근 시행되고 있는 우리나라 청소년 정책 중 하나를 제시하고, 생각을 말해보시오.
② 청소년 수련시설 및 수련거리 중에서 개선할 점이 있다면 무엇인가?
③ 청소년들의 생활 특성 중 또래집단의 특징에 대해 설명해 보시오.
④ 청소년들의 유흥업소 불법취업이 증가하고 있는데 그 원인은 무엇인가?
⑤ 가출청소년의 선도방안 및 예방대책은 무엇인가?
⑥ 미성년자 성매매의 원인과 바람직한 대응방안은 무엇인가?
⑦ 약물중독, 인터넷중독 등 문제 청소년에 대한 국가적 대책은 무엇인가?
⑧ 우리나라 청소년시설의 문제점과 대책은 무엇인가?

5) 창의력과 의지력, 지도력

(환경변화에 따른 창의적인 청소년 지도능력, 긴급 위기상황 발생 시 문제해결 및 대처능력, 개인적 역량 강화 및 발전방안)

창의력과 의지력, 지도력이라는 말은 현장에서 실제 상황에 접목되는 능력이다. 이러한 상황이 발생했을 때, 어떻게 대처할 것인가 하는 대처능력을 확인하는 문제라 생각한다. 변화무쌍한 청소년들의 흥미와 욕구에 부합하면서도 교육적 효과를 극대화 시킬 수 있는 나만의 지도기법과 개입전략을 갖추는 것이 필요하다.

① 사회변화에 따른 청소년지도의 방향은 어떤 것인가?
② 청소년활동의 활성화를 위한 평소 생각은 무엇인가?
③ 자신이 책임자가 되어 청소년프로그램을 준비한다면, 어떤 프로그램을 준비할 것인가?
④ 청소년지도사 자격증 취득 후 이를 어떻게 활용할 것인가?
⑤ 청소년들의 흥미를 유발하면서 프로그램을 진행할 수 있는 방법은 무엇인가?
⑥ 청소년지도에 활용할만한 자신의 개인적 특기는 무엇인가?
⑦ 청소년을 지도할 때 가장 자신 있는 부분은 무엇인가?
⑧ 청소년지도사로서의 개인적 능력개발을 위해 어떤 노력을 하고 있는지 말해보시오.

■ Tip
- 만일 모르는 문제가 나오면, 솔직하게 모르는 문제라고 이야기하고 다른 문제를 풀 기회를 달라고 요청하자.
- 기억이 날 듯 말 듯 한 문제가 나오면, "제가 긴장을 해서 기억이 잘 나지 않는데 조금의 시간을 더 달라" 또는 다른 문제를 풀 기회를 주시면 성실히 답변드리겠습니다."라고 말씀드려라.

■ 꼭 알아야 할 청소년 관련 기본 지식
- 아동청소년백서
- 「청소년기본법」
- 「청소년활동진흥법」
- 「청소년복지지원법」
- 「청소년보호법」

3. 면접시험 주의사항

1) 면접장소에 대한 준비
(1) 면접장소를 확인하여 약도, 교통편을 미리 알아둔다.
(2) 제 시간에 도착하지 못하면 면접 볼 기회가 없을 뿐만 아니라, 1년을 기다려야 한다는 것을 잊지 마라.
(3) 면접의 전체과정(출발, 완료)을 머릿속에 그려봐야 한다.
(4) 여유시간을 갖고 출발한다.

2) 면접 시 질문에 응하는 자세
(1) 침착하면서도 밝은 표정과 자신감 있고 논리적인 대답으로 임한다.
(2) 질문에 대해 간단명료하게 본인의 생각을 명확하게 표현한다.
(3) 음성은 또렷하고 분명하게, 적극적인 모습으로 한다.
(4) 과장, 허위, 거짓 대답은 감점대상이다.

3) 면접 시 지켜야 할 원칙
(1) 복장
 ① 정장형식이 좋으나 완전정장보다는 세미케주얼이나 콤비형태가 더 바람직하다.
 ② 너무 어둡거나 너무 화려한 색상은 피한다.
 ③ 여성의 경우는 블라우스나 남방에 치마나 바지가 적당하며, 남성의 경우는 남방에 자켓이 친숙하고 편안한 이미지를 연출한다.
 ④ 신발은 어두운 색상의 운동화, 낮은 정장구두, 캐주얼화 등이 좋다.

(2) 표정관리
 ① 표정관리를 하라
 ② 모르는 질문에 당황하거나 주눅 들지 마라.
 ③ 모르는 질문도 성실하게, 자신감 있고 명료한 대답으로 아는 대로 답한다.
 ④ 뒷모습도 중요하다.

(3) 면접 시 삼가야 할 눈의 표정
① 눈을 자주 깜빡이거나 안구를 좌우로 굴리는 행위, 곁눈질하는 행위, 눈을 흘기는 행위, 상대방을 아래위로 훑어보는 행위, 상대방을 뚫어지게 응시하는 행위, 눈가의 근육에 힘을 가하는 행위,
② 눈의 위치는 면접관의 인중을 쳐다보면서 적당히 눈 맞춤 정도로 하면 된다.

4) 답변원칙

> ▶ 3인 1조로 면접을 보며, 1분 동안 대답을 해야 하므로 잘 생각해서 성실히 대답해야 한다.
> ▶ 예상되는 질문들, 마무리 멘트 및 인사 등 철저히 준비하라.

(1) 나의 의견과 생각을 논리 정확하고 간결하게 해야 한다.
(2) 음성은 또렷하고 조용하면서도 분명하게 한다.
(3) 긍정적이고 적극적인 어투를 사용한다.
(4) 답변할 때는 "~~같은데요"와 같은 불확실한 답변은 하지 말고 "~~입니다, 또는 ~~라고 생각합니다." 등 의사를 정확하고 차분하게 말한다.
(5) 단 하나의 질문에도 실수는 용납되지 않는다는 것을 명심하라.
(6) 최상의 점수를 받으려 하기보다는, 최저점을 넘기려는 것이 목표이다.

5) 질문형식
(1) 시험장에서 면접관 한 분당 수험생을 직접 지목하여 한 명씩 문제를 질문하는 경우가 일반적이다.
(2) 면접관이 공통사항으로 질문한 문제에 대해 수험생이 차례로 답변을 하는 경우가 있다.
(3) 질문한 문제에 대해 수험생이 정확한 답변을 못 했을 경우, 동일 문제의 수험생 답변에 대해 다른 수험생을 지목하여 추가답변을 요구하기도 하며, 아는 사람이 손을 들고 답변하라고 하는 경우가 있다.

4. 평가내용

1) 청소년지도사 2급 시험과목(8과목)
① 청소년육성제도론
② 청소년지도방법론
③ 청소년 심리 및 상담
④ 청소년문화
⑤ 청소년활동
⑥ 청소년프로그램 개발과 평가
⑦ 청소년 문제와 보호
⑧ 청소년복지

2) 청소년지도사 3급 시험과목(7과목)
① 청소년육성제도론
② 청소년지도방법론
③ 청소년 심리 및 상담
④ 청소년문화
⑤ 청소년활동
⑥ 청소년프로그램 개발과 평가
⑦ 청소년 문제와 보호

5. 답변의 준비

1) 좋은 답변
(1) 1분 30초 정도는 답을 하자
(2) 두괄식으로 말하라
(3) 자기소개 시 전공, 학교, 이름 중심보다는 청소년(활동, 교육)에 대한 자신의 가치관이나 청소년지도사 자격증의 취득동기 등을 중심으로 청소년분야에 기여할 수 있는 자신의 장점을 파악하라.

2) 외우기와 이해하기

 면접관은 외워서 말하는 것보다 이해한 지식을 말하는 답변을 바랄 것이다. 물론 답변을 못하는 것보다는 외워서라도 답변을 하는 것이 낫지만, 긴장된 상태에서 면접관의 질문에 논리적으로 이야기하는 것은 쉽지 않다. 긴장하면 머리가 하얗게 변하면서 외운 것을 외운 그대로 답하게 하지 않는다. 따라서 어떤 상황에서도 자신있게 답변할 수 있도록 외우기보다는 이해를 목적으로 학습하면 좋겠다.

(1) 이해할 내용을 분석하고 구어체로 바꾼다.
  • **청소년 육성** : 청소년활동을 지원하고 청소년의 복지를 증진하며 근로청소년을 보호하는 한편, 사회 여건과 환경을 청소년에게 유익하도록 개선하고 청소년을 보호하여 청소년에 대한 교육을 보완함으로써 청소년의 균형 있는 성장을 돕는 것을 말한다(청소년 기본법).

  → 청소년 육성의 목적은 // 청소년에 대한 교육을 보완함으로써 청소년의 균형 있는 성장을 돕는 것입니다. // 이를 위해
   ① 청소년활동을 지원하고
   ② 청소년의 복지를 증진하며
   ③ 근로 청소년을 보호하는 한편,
   ④ 사회 여건과 환경을 청소년에게 유익하도록 개선하고
   ⑤ 청소년을 보호합니다.

 이와 같이 구어체로 만든 후, 외우거나 이해하려고 노력하라. 두뇌는 문장 단위로 기억하기를 좋아한다.

(2) 반복해서 말하라
 면접은 '쓰기'가 아니라 '말하기'이다. 머리로 외우지 말고, 입으로 소리내어 읽으면서 공부해야 한다.

(3) 롤 플레잉(role playing)을 하라.

■ Tip
- 청소년지도사다운 품행과 발랄함, 세련된 성숙미, 침착과 여유
- 청소년관련 정보에 대한 민첩성과 순발력
- 예의 바르게 평소의 생활습관이나 몸가짐으로 실력을 충분히 발휘
- 대답은 간결 명쾌하게 호감 가는 목소리로 거울을 보고 연출하고 1분 스피치를 해보자.

6. 면접관은 어떻게 면접에 임할까?

1) 인물평가
(1) 용모를 통해서 → 건강상태 체크, 호감을 주는 인상인가?
(2) 면접에 임하는 태도와 자세 → 준비가 철저한가? 침착한가?

2) 질의응답 평가
(1) 지원자의 답변내용에서
  ① 면접자의 전문지식과 응용능력
  ② 면접자의 청소년지도사에 대한 가치관(직업관)
  ③ 청소년관련 정보에 대한 민첩성, 시사성, 현장 감각 등

(2) 지원자의 답변방법과 형태 등을 통해서
  ① 질문에 대한 이해력과 판단력
  ② 논리적인 의사표현 능력, 원활한 커뮤니케이션, 프리젠테이션 능력
  ③ 긴급상황 발생 시 문제해결능력 및 대처능력

에듀컨텐츠·휴피아
CH Educontents Hupia

Chapter 2. 면접의 준비

1. 청소년관련 법률 및 정책

1) 청소년관련 법률
(1) 청소년 기본법★★★★★

제1조(목적) 이 법은 청소년의 권리 및 책임과 가정·사회·국가·지방자치단체의 청소년에 대한 책임을 정하고 청소년정책에 관한 기본적인 사항을 규정함을 목적으로 한다.

청소년 기본법은 **1991년 12월 31일에 제정**되고, **1993년 1월 1일부터 시행**되었는데, 1987년 11월 28일에 제정된 **'청소년육성법'을 폐지하고 대체 입법된 것**이다.

① **기본이념** : 청소년이 사회구성원으로서 정당한 대우와 권익을 보장받음과 아울러 스스로 생각하고 자유롭게 활동할 수 있도록 하며, 보다 나은 삶을 누리고 유해한 환경으로부터 보호될 수 있도록 함으로써, 국가와 사회가 필요로 하는 건전한 민주시민으로 자랄 수 있도록 하는 것을 기본이념으로 한다.

② **추진방향** : 기본이념을 구현하기 위한 장기적·종합적 청소년정책을 추진할 때에는 다음의 사항을 그 추진 방향으로 한다.
  ㉠ 청소년의 참여보장
  ㉡ 창의성과 자율성을 바탕으로 한 청소년의 능동적 삶의 실현
  ㉢ 청소년의 성장 여건과 사회환경의 개선
  ㉣ 민주·복지·통일조국에 대비하는 청소년의 자질향상

> - 청소년의 자치권 확대 - 각 지자체 청소년참여위원회 운영
> - 청소년특별회의의 개최
> - 청소년지도사·청소년상담사의 배치
> - 청소년육성 전담공무원
> - 청소년육성 전담기구 설치

(2) 청소년활동 진흥법★★★★★

제1조(목적) 이 법은 「청소년기본법」 제47조 제2항에 따라 다양한 청소년활동을 적극적으로 진흥하기 위하여 필요한 사항을 정함을 목적으로 한다.

> - 청소년운영위원회
> - 한국청소년활동진흥원의 설치
> - 지방청소년활동진흥센터의 설치 등
> - 숙박형 등 청소년수련활동 계획의 신고
> - 수련시설의 설치·운영 등
> - 수련시설 운영의 위탁

* 청소년 기본법 제47조(청소년활동의 지원) ①국가 및 지방자치단체는 청소년활동을 지원하여야 한다. ②제1항에 따른 청소년활동의 지원에 관한 사항은 따로 법률로 정한다.

> ■ 청소년수련활동의 지원
> - 청소년수련활동 인증제도의 운영
> - 청소년수련활동의 인증절차
> - 인증수련활동의 결과 통보
>
> ■ 청소년교류활동의 지원
> - 청소년교류활동의 진흥
> - 국제청소년교류활동의 지원
> - 지방자치단체의 자매도시 협정
> - 교포청소년교류활동의 지원
> - 청소년교류센터의 설치·운영
> - 남·북청소년교류활동의 제도적 지원
>
> ■ 청소년문화활동의 지원
> - 청소년문화활동의 진흥
> - 청소년문화활동의 기반 구축
> - 전통문화의 계승
> - 청소년축제의 발굴지원
> - 청소년동아리활동의 활성화
> - 청소년의 자원봉사활동의 활성화

(3) 청소년복지 지원법★★★★★

제1조(목적) 이 법은 「청소년기본법」 제49조 제4항에 따라 청소년복지 향상에 관한 사항을 규정함을 목적으로 한다.

* 청소년 기본법 제49조(청소년복지의 향상) ①국가는 청소년들의 의식·태도·생활 등에 관한 사항을 정기적으로 조사하고, 이를 개선하기 위하여 청소년의 복지향상 정책을 수립·시행하여야 한다. ②국가 및 지방자치단체는 기초생활 보장, 직업재활훈련, 청소년활동 지원 등의 시책을 추진할 때에는 정신적·신체적·경제적·사회적으로 특별한 지원이 필요한 청소년을 우선적으로 배려하여야 한다. ③국가 및 지방자치단체는 청소년의 삶의 질을 향상하기 위하여 구체적인 시책을 마련하여야 한다. ④제1항부터 제3항까지의 규정에 관하여는 따로 법률로 정한다.

■ 지역사회 청소년통합지원체계의 구축·운영

■ 위기청소년 지원
- 상담 및 교육
- 위기청소년 특별지원
- 특별지원의 신청 및 선정
- 청소년가출 예방 및 보호·지원
- 이주배경청소년에 대한 지원
- 예방적·회복적 보호지원의 실시

■ 청소년복지지원기관
- 한국청소년상담복지개발원
- 청소년상담복지센터
- 이주배경청소년지원센터

■ 청소년복지시설의 종류
- 청소년쉼터, 청소년자립지원관, 청소년치료재활센터, 청소년회복지원센터

(4) 청소년 보호법
제1조(목적) 이 법은 청소년에게 유해한 매체물과 약물 등이 청소년에게 유통되는 것과 청소년이 유해한 업소에 출입하는 것 등을 규제하고 청소년을 유해한 환경으로부터 보호·구제함으로써 청소년이 건전한 인격체로 성장할 수 있도록 함을 목적으로 한다.

(5) 아동·청소년의 성보호에 관한 법률
제1조(목적) 이 법은 아동·청소년대상 성범죄의 처벌과 절차에 관한 특례를 규정하고 피해아동·청소년을 위한 구제 및 지원 절차를 마련하며 아동·청소년대상 성범죄자를 체계적으로 관리함으로써 아동·청소년을 성범죄로부터 보호하고 아동·청소년이 건강한 사회구성원으로 성장할 수 있도록 함을 목적으로 한다.

(6) 학교폭력예방 및 대책에 관한 법률
제1조(목적) 이 법은 학교폭력의 예방과 대책에 필요한 사항을 규정함으로써 피해학생의 보호, 가해학생의 선도·교육 및 피해학생과 가해학생 간의 분쟁조정을 통하여 학생의 인권을 보호하고 학생을 건전한 사회구성원으로 육성함을 목적으로 한다.

(7) 진로교육법
제1조(목적) 이 법은 학생에게 다양한 진로교육 기회를 제공함으로써 변화하는 직업세계에 능동적으로 대처하고 학생의 소질과 적성을 최대한 실현하여 국민의 행복한 삶과 경제·사회 발전에 기여함을 목적으로 한다

(8) 학교 밖 청소년 지원에 관한 법률
제1조(목적) 이 법은 「청소년기본법」 제49조 제4항에 따라 학교 밖 청소년 지원에 관한 사항을 규정함으로써 학교 밖 청소년이 건강한 사회구성원으로 성장할 수 있도록 함을 목적으로 한다.

(9) 소년법

제1조(목적) 이 법은 반사회성이 있는 소년의 환경 조정과 품행 교정을 위한 보호처분 등의 필요한 조치를 하고, 형사처분에 관한 특별조치를 함으로써 소년이 건전하게 성장하도록 돕는 것을 목적으로 한다.

① 소년 : 19세 미만인 자(보호처분의 대상은 10세 이상 19세 미만인 자)
② 보호자 : 법률상 감호교육을 할 의무가 있는 자 또는 현재 감호하는 자
③ 우범소년, 촉법소년, 범죄소년을 구분
   ㉠ **우범소년** : 죄를 범하지는 아니하였으나, 그 성격이나 환경으로 보아 장차 죄를 범할 우려가 있는 10세 이상 19세 미만의 소년
   ㉡ **촉법소년** : 형벌법령에 저촉되는 행위를 한 10세 이상 14세 미만의 소년 → 형사책임 능력이 없어 처벌을 받지 않으며 보호처분의 대상이 됨
   ㉢ **범죄소년** : 죄를 범한 소년(14세 이상 19세 미만의 소년)
               → 형사처벌 가능

(10) 청소년 관련 근로기준법

① 15세 미만인 자는 근로자로 사용하지 못하여(노동부장관이 발급하는 취직인허증을 지닌 자는 근로자로 사용할 수 있다) 취직인허증을 받을 수 있는 자는 13세 이상 15세 미만인 자로 한다.
② 연소자 증명서 : 사용자는 18세 미만인 자에 대하여는 그 연령을 증명하는 가족관계 기록사항에 관한 증명서와 친권자 또는 후견인의 동의서를 사업자에 갖추어두어야 한다.
③ 청소년증의 근로시간 : 15세 이상 18세 미만인 자의 근로시간은 1일에 7시간, 1주일에 40시간을 초과하지 못한다. 다만, 당사자 사이의 합의에 따라 1일에 1시간, 1주일에 6시간을 한도로 연장할 수 있다.

(11) 청소년의 연령 ★★★★
① 청소년기본법(청소년) : 9세 이상 ~ 24세 이하
② 청소년활동진흥법(청소년) : 9세 이상 ~ 24세 이하
③ 청소년복지지원법(청소년) : 9세 이상 ~ 24세 이하
④ 청소년보호법(청소년) : 만 19세 미만
　　(다만, 19세 도달하는 해의 1월 1일 맞이한 사람은 제외)
⑤ 아동 · 청소년의 성보호에 관한 법률(아동·청소년) : 만 19세 미만
　　(다만, 19세 도달하는 해의 1월 1일 맞이한 사람은 제외)
⑥ 소년법(소년) : 만 19세 미만
　• 만10~19세 우범소년
　• 만10~14세 촉법소년
　• 만14~19세 범죄소년
⑦ 근로기준법(근로연소자) : 만 18세 미만
　• 13세 이상 15세 미만-취직인허증
　• 15세 이상 18세 미만-연소자 증명서 비치
　• 18세 미만-유해, 위험사업사용 X
⑧ 문화 관련 3법(청소년) : 18세 미만(고등학교에 재학 중인 학생 포함)
　•「영화 및 비디오물의 진흥에 관한 법률」
　•「음악산업진흥에 관한 법률」
　•「게임산업진흥에 관한 법률」
⑨ 형법(형사미성년) : 만 14세 미만
⑩ 민법(미성년자) : 만 20세 미만
⑪ 아동복지법(아동) : 만 18세 미만
⑫ 국민기초생활보장법(아동) : 부양의무자 없는 18세 미만

2) 용어의 정의

　법률 속 용어의 정의는 반드시 숙지하여야 한다. 청소년에 관련된 각종 법률적 행위의 근본이 되고, 각종 청소년활동 프로그램의 개발, 보고서의 작성 등에 있어 이 용어들을 기본으로 사용해야 하기 때문이다.

(1) 청소년의 정의

청소년에 대한 정의는 크게 두 가지로 대별 되는데, **기본적인 청소년의 정의(9세 이상 24세 이하)**와 **보호차원에서의 청소년의 정의(만 19세 미만)**가 있다.

- **청소년** : 9세 이상 24 이하인 사람을 말한다. 다만, 다른 법률에서 청소년에 대한 적용을 다르게 할 필요가 있는 경우에는 따로 정할 수 있다(청소년기본법, 청소년활동진흥법, 청소년복지지원법, 학교 밖 청소년 지원에 관한 법률).
- **청소년** : 만 19세 미만인 사람을 말한다. 다만, 만 19세가 되는 해의 1월 1일을 맞이한 사람은 제외한다(청소년 보호법).
- **아동·청소년** : 19세 미만의 자를 말한다. 다만, 19세에 도달하는 연도의 1월 1일을 맞이한 자는 제외한다(아동·청소년의 성 보호에 관한 법률).

(2) 청소년기본법에 의한 용어

- **청소년육성** : 청소년활동을 지원하고 청소년의 복지를 증진하며 근로 청소년을 보호하는 한편, 사회 여건과 환경을 청소년에게 유익하도록 개선하고 청소년을 보호하여 청소년에 대한 교육을 보완함으로써 청소년의 균형 있는 성장을 돕는 것을 말한다.
- **청소년활동** : 청소년의 균형 있는 성장을 위하여 필요한 활동과 이러한 활동을 소재로 하는 수련활동·교류활동·문화활동 등 다양한 형태의 활동을 말한다.
- **청소년복지** : 청소년이 정상적인 삶을 누릴 수 있는 기본적인 여건을 조성하고 조화롭게 성장·발달할 수 있도록 제공되는 사회적·경제적 지원을 말한다.
- **청소년보호** : 청소년의 건전한 성장에 유해한 물질·물건·장소·행위 등 각종 청소년 유해환경을 규제하거나 청소년의 접촉 또는 접근을 제한하는 것을 말한다.
- **청소년시설** : 청소년활동·청소년복지 및 청소년보호에 제공되는 시설을 말한다.
- **청소년지도자** : 청소년지도사, 청소년상담사 그리고 청소년시설, 청소년단체 및 청소년 관련 기관에서 청소년육성에 필요한 업무에 종사하는 사람을 말한다.

- **청소년단체** : 청소년육성을 주된 목적으로 설립된 법인이나 대통령령으로 정하는 단체를 말한다.

(3) 청소년활동진흥법에 의한 용어
- **청소년활동시설** : 청소년수련활동, 청소년교류활동, 청소년문화활동 등 청소년활동에 제공되는 시설로서 청소년수련시설(청소년수련관, 청소년수련원, 청소년특화시설, 청소년문화의집, 청소년야영장, 유스호스텔)과 청소년이용시설로 구분된다.
- **청소년수련활동** : 청소년이 청소년활동에 자발적으로 참여하여 청소년 시기에 필요한 기량과 품성을 함양하는 교육적 활동으로서 청소년지도자와 함께 청소년수련거리에 참여하여 배움을 실천하는 체험활동을 말한다.
- **청소년교류활동** : 청소년이 지역 간, 남북 간, 국가 간의 다양한 교류를 통하여 공동체의식 등을 함양하는 체험활동을 말한다.
- **청소년문화활동** : 청소년이 예술활동, 스포츠활동, 동아리활동, 봉사활동 등 통하여 문화적 감성과 더불어 살아가는 능력을 함양하는 체험활동을 말한다.
- **청소년수련거리** : 청소년수련활동에 필요한 프로그램과 이와 관련되는 사업을 말한다.
- **숙박형 청소년수련활동** : 19세 미만의 청소년(19세가 되는 해의 1월 1일을 맞이한 사람은 제외한다)을 대상으로 청소년이 자신의 주거지에서 떠나 청소년수련시설 또는 그 외의 다른 장소에서 숙박·야영하거나 청소년수련시설 또는 그 외의 다른 장소로 이동하면서 숙박·야영하는 청소년수련활동을 말한다.
- **비숙박형 청소년수련활동** : 19세 미만의 청소년을 대상으로 청소년수련시설 또는 그 외의 다른 장소에서 실시하는 청소년수련활동으로서 실시하는 날에 끝나거나 숙박 없이 2회 이상 정기적으로 실시하는 청소년수련활동을 말한다.

(4) 청소년복지관계법에 의한 용어
- **청소년복지** : 청소년이 정상적인 삶을 누릴 수 있는 기본적인 여건을 조성하고 조화롭게 성장·발달할 수 있도록 제공되는 사회적·경제적 지원을 말한다.

- **보호자** : 친권자, 법정대리인 또는 사실상 청소년을 양육하는 사람을 말한다.
- **위기청소년** : 가정 문제가 있거나 학업 수행 또는 사회적응에 어려움을 겪는 등 조화롭고 건강한 성장과 생활에 필요한 여건을 갖추지 못한 청소년을 말한다.

- **학교 밖 청소년** : 다음 각 목의 어느 하나 해당하는 청소년을 말한다(학교 밖 청소년 지원에 관한 법률).
  가. 초등학교·중학교 또는 이와 동일한 과정을 교육하는 학교에 입학한 후 3개월 이상 결석하거나 취학의무를 유예한 청소년
  나. 고등학교 또는 이와 동일한 과정을 교육하는 학교에서 제적·퇴학처분을 받거나 자퇴한 청소년
  다. 고등학교 또는 이와 동일한 과정을 교육하는 학교에 진학하지 아니한 청소년
- **학교 밖 청소년 지원 프로그램** : 학교 밖 청소년의 개인적 특성과 수요를 고려한 상담지원, 교육지원, 직업체험 및 취업지원, 자립지원 등의 프로그램을 말한다(학교 밖 청소년 지원에 관한 법률)

3) 제6차 청소년정책기본계획(2018~2022)★★★

제6차 청소년정책기본계획은 청소년 인구의 지속적 감소, 가족구조의 다양화와 기능의 위축, 뉴미디어와 통신기술의 급격한 발달에 따른 매체환경의 급변, 이로 인한 청소년 유해환경 노출위험 증가, 제4차 산업혁명 시대의 도래, 청년 노동시장의 위축 및 고용 불안 등 청소년을 둘러싼 사회, 경제적 환경의 변화에 맞춰 청소년정책을 전환하고자 하는 의지가 담겨있다.

① '현재를 즐기는 청소년, 미래를 기대하는 청소년, 청소년을 존중하는 사회'라는 기본이념이다.
② 청소년 참여 및 권리증진, 청소년 주도의 활동 활성화, 청소년 자립 및 보호지원 강화, 청소년정책 추진체계 혁신을 목표로 설정하였다.
③ 이를 위해 4대 영역(청소년 참여 및 권리증진, 청소년 주도의 활동 활

성화, 청소년 자립 및 보호지원 강화, 청소년정책 추진체계 혁신)의 12개 중점과제와 144개 세부과제가 추진되고 있다.
④ 제6차 청소년정책기본계획 '중점과제'
- 청소년 참여 확대
- 청소년 권리증진 기반 조성
- 청소년 민주시민 성장지원
- 청소년활동 및 성장지원 체계 혁신
- 청소년 체험활동 활성화
- 청소년 진로교육 지원체제 강화
- 청소년 사회안전망 확충
- 대상별 맞춤형 지원
- 청소년 유해환경 개선 및 보호지원 강화
- 청소년정책 총괄·조정 강화
- 지역중심의 청소년정책 추진체계 강화
- 청소년지도자 역량 제고

4) 청소년헌장★★★★

1990년에 법적구속력을 지닌 법령은 아니지만 청소년의 권리 선언으로 청소년헌장 제정되었으며, 현재의 청소년헌장은 1998년 개정된 것으로 청소년의 권리와 책임, 정체성을 담은 새로운 청소년헌장으로 선포되었다.
① 청소년은 자기 삶의 주인이다.
② 청소년은 인격체로서 존중받을 권리와 시민으로서 미래를 열어 갈 권리를 가진다.
③ 청소년은 스스로 생각하고 선택하며 활동하는 삶의 주체로서 자율과 참여의 기회를 누린다.
④ 청소년은 생명의 가치를 존중하며 정의로운 공동체의 성원으로 책임 있는 삶을 살아간다.
⑤ 가정, 학교, 사회 그리고 국가는 위의 정신에 따라 청소년의 인간다운 삶을 보장하고 청소년 스스로 행복을 가꾸며 살아갈 수 있도록 여건과 환경을 조성한다.

2. 법적 기구의 정리

1) 청소년참여기구★★★★★

(1) 청소년 참여기구 의미
청소년이 국가·지방자치단체의 정책수립·시행과정 및 청소년시설의 운영과정에 실질적으로 참여할 수 있는 기반을 구축하여 청소년의 민주시민역량을 함양하고, 수요자 중심의 청소년 정책을 실현하고자 설치한 기구이다.

구분	청소년특별회의	청소년참여위원회	청소년운영위원회
운영주체	여성가족부	국가 및 지방자치단체	청소년수련시설
법적근거	**청소년 기본법** 제12조 (청소년특별회의 개최)	**청소년 기본법** 제5조의2 (청소년의 자치권 확대)	**청소년활동 진흥법** 제4조 (청소년운영위원회)
기능	범정부적 차원의 청소년 정책과제 청소년 참여	청소년들이 국가 및 지자체 정책과정 참여	청소년수련시설 사업 프로그램 및 운영에 참여
운영현황	청소년위원 500명	전국 234개소 (여가부1개, 시도17개, 시군구216개)	전국331개소

참여기구 현황(2020년 기준)

(2) 청소년 참여활동의 기구
① 청소년특별회의
  ㉠ 청소년 및 관련 전문가들이 토론과 활동을 통해 범정부적 청소년 정책과제를 정부에 제안하는 전국단위의 청소년참여기구이다.
    • 법적 근거 - 청소년 기본법 제12조
  ㉡ 위원구성 : 시·도청소년참여위원회 위원(만9세~24세)을 청소년특별회의 위원으로 위촉
    • 의장단 : 의장 1명, 부의장 2명
    • 선발직 : 70명 내외
  ㉢ 활동기간 : 당해연도 12월말까지
  ㉣ 활동내용 :
    • 전국단위 회의(5월 출범식, 11월 본회의 등)와 지역단위 정기회의

(청소년 제안 정책 논의, 현장방문 등)
- 지역별로 필요시 캠페인, 토론회, 워크샵 등 행사 참여
- 활동혜택 : 여성가족부장관 명의 '위촉장' 및 '활동확인서' 발급, 참여활동 우수자 포상 등
- 정책과제 : 아동·청소년 성범죄자 신상공개제도 열람 간소화, 청소년의 의견이 반영된 다양한 공모전 실시, 국립중앙청소년안전기구 설치운영 등 13년간 총 470개의 정책과제를 제안, 이 중 416개 과제가 수용되어 정부정책으로 추진

② 청소년참여위원회
  ㉠ 여성가족부 및 지방자치단체 청소년정책 수립 및 시행과정에 청소년이 참여하고 의견을 제안하는 청소년참여기구이다.
   - 법적 근거 - 청소년 기본법 제12조
  ㉡ 운영주체 : 여성가족부, 지방자치단체(시·도, 시·군·구)
  ㉢ 구성절차 : 매년 2~3월경에 각 운영주체별로 공개모집, 기관추천(학교·청소년 시설 등), 청소년 선거 등 과정을 거쳐 구성(지역별 여건에 따라 대표성 제고를 위한 방안을 선택하여 시행)
  ㉣ 신청대상 : 만9세~24세까지의 청소년
  ㉤ 활동기간 : 당해연도 12월말까지가 원칙이나 지역별로 달라질 수 있음
  ㉥ 활동내용 : 청소년 관련 정책 및 사업에 논의·제안, 청소년 권리·인권 모니터링 및 개선제안, 지역별 캠페인·토론회·워크샵 등 개최 및 참여
  ㉦ 활동혜택 : 여성가족부장관 또는 지방자치단체장 명의 '위촉장' 및 '활동확인서' 발급, 참여활동 우수자 포상 추천 등

③ 청소년운영위원회
  ㉠ 청소년수련시설(청소년수련관, 문화의 집 등) 사업·프로그램 등 운영에 청소년이 참여하여 의견제시와 자문, 평가 등의 활동을 하는 청소년참여기구이다.
   - 법적 근거 - 청소년활동 진흥법 제4조
  ㉡ 위원구성 : 매년 1~2월경에 청소년수련시설별 공개모집 및 추천을 통해 구성

- 다양한 계층 청소년으로 10~20명 이내 구성
- 예산 : 1개소당 2백만원 이내(국비 50%, 지방비 50%)
ⓒ 신청대상 : 만9세~24세까지의 청소년
ⓓ 활동기간 : 원칙적으로 1년이나 사정에 따라 달라질 수 있음
ⓔ 활동내용 : 월별 정기회의(청소년 제안 정책 토의 등) 참석, 지역별 캠페인·토론회·워크샵 등 개최 및 참여
ⓕ 활동혜택 : 청소년수련시설장 명의 '위촉장' 및 '활동확인서' 발급, 우수 청소년운영위원회 장관상 수여 등

2) 청소년활동의 법적 정의와 종류★★★★★

(1) 청소년활동의 정의

청소년활동에 대하여는 청소년 기본법과 청소년활동 진흥법에서 정의하고 있습니다. 법적 정의에 따르면 청소년활동이란 청소년의 균형 있는 성장을 위하여 필요한 활동과 이러한 활동을 소재로 하는 수련활동·교류활동·문화활동 등 다양한 형태의 활동을 말합니다(청소년 기본법).

① **청소년수련활동** :
- 청소년이 청소년활동에 자발적으로 참여하여 청소년 시기에 필요한 기량과 품성을 함양하는 교육적 활동
- 청소년지도자와 함께 청소년수련거리에 참여하여 배움을 실천하는 체험활동
- 숙박형 등 청소년수련활동 : 19세 미만의 청소년을 대상으로 청소년이 자신의 주거지에서 떠나 청소년수련시설 또는 그 외의 다른 장소에서 숙박·야영하는 청소년수련활동

② **청소년교류활동** : 청소년이 지역 간, 남북 간, 국가 간의 다양한 교류를 통하여 공동체의식 등을 함양하는 체험활동

③ **청소년문화활동** : 청소년이 예술활동, 스포츠활동, 동아리활동, 봉사활동 등을 통하여 문화적 감성과 더불어 살아가는 능력을 함양하는 체험활동

(2) 청소년활동의 영역·세부활동

청소년활동은 건강증진활동, 과학정보활동, 교류활동, 모험탐사활동, 문화예술활동, 자원봉사활동, 진로활동, 참여활동의 총 8개 영역을 지니며, 34개 세부활동으로 구성

① **건강증진활동** : 개인과 집단의 안녕 수준을 증가시키기 위해 건강관련 지식, 생활습관, 의식, 태도를 습득하는 활동
 • 신체건강관리활동, 스포츠활동, 중독예방활동, 정신건강활동, 생활안전활동, 성교육활동 등
② **과학정보활동** : 과학, 정보 영역에서 이루어지는 활동으로 과학 및 정보활동 능력과 창의성 증진 활동
 • 기술공학활동, 우주과학활동, 생명과학활동, 해양과학활동, 정보통신활동 등
③ **교류활동** : 인적, 물적; 문화적, 사상적 상호교류를 통해 지역, 남북, 국가 간 차이를 이해하고 시민의식 함양을 도모하는 활동
 • 국제교류활동, 남북교류활동, 지역간교류활동 등
④ **모험탐사활동** : 환경감수성, 진취성, 도전의식 등을 함양하기 위해 자연환경 속에서 이루어지는 활동
 • 환경생태탐사활동, 야영활동, 해양수상활동, 도전활동 등
⑤ **문화예술활동** : 문화적 감수성 및 창의성 함양을 위해 다양한 문화·예술체험으로 이루어지는 활동
 • 예술체험활동, 전통문화예술활동, 축제문화활동, 다문화이해활동 등
⑥ **자원봉사활동** : 이타성, 공동체의식 등의 사회성을 기르기 위해 자발적으로 지역사회나 타인을 돕는 활동
 • 일손돕기활동, 재능나눔활동, 국제봉사활동, 환경보호활동 등
⑦ **진로활동** : 자기이해, 진로경정, 직업선택역량, 등을 증진시키기 위해 이루어지는 진로 및 직업관련 활동
 • 자기이해활동, 진로직업탐색활동, 직업체험활동, 창업활동 등
⑧ **참여활동** : 사회구성원으로서 책임의식을 높이기 위해 능동적으로 각종 조직이나 사업을 기획, 운영하는 활동
 • 참여기구활동, 자치활동, 지역사회변화활동, 인권개선활동 등

3) 청소년관련시설의 종류와 정의★★★★★

청소년활동에 제공되는 시설(청소년활동시설), 청소년복지에 제공되는 시설(청소년복지시설), 청소년보호에 제공되는 시설(청소년보호시설)에 관한 사항은 따로 「청소년보호법」으로 정한다.

(1) 청소년활동시설의 유형
① **청소년수련시설** : 청소년수련관, 청소년수련원, 청소년문화의 집, 특화시설, 야영장, 유스호스텔
② **청소년이용시설** : 문화예술시설, 공공체육시설, 평생교육시설, 자연휴양림, 수목원, 사회복지관, 공원, 광장, 둔치 등 기타

(2) 청소년복지시설
- 청소년쉼터, 청소년자립지원관, 청소년치료재활센터, 청소년회복지원시설

(3) 청소년보호시설
- 청소년전문치료기관, 청소년보호·재활센터 등

4) 청소년활동시설의 유형★★★★★

(1) 청소년수련시설
① **청소년수련관** - 다양한 수련거리를 실시할 수 있는 각종 시설 및 설비를 갖춘 종합수련시설.
- (청소년활동) 캠프, 주말 체험, 성취포상제, 자원봉사활동, 해외문화 체험·자원봉사 등 국제교류활동, 동아리활동
- (교육문화) 외국어·과학·창의력·수학·미술·음악···취미·독서·논술 등 평생교육 프로그램
- (생활체육) 수영·헬스·농구·베드민턴 등 체육 강좌
- (진로교육) 파튀쉐·바리스타·디자이너·요리사 등 진로 체험, 진로·직업 적합도 검사, 진로상담, 관련학과 대학생 실습 등

② **청소년수련원** - 숙박기능을 갖춘 생활관과 다양한 수련거리를 실시할 수 있는 각종 시설과 설비를 갖춘 종합수련시설.
  • 초·중·고교 연계 학교단체 수련활동, 임원수련회, 숙박형 현장 체험학습, 일일현장 체험활동, 특성화 캠프 운영
③ **청소년특화시설** - 청소년의 직업체험, 문화예술, 과학정보, 환경 등 특정 목적의 청소년활동을 전문적으로 실시할 수 있는 시설과 설비를 갖춘 수련시설.
  • 영상미디어, 진로 및 대안 교육, 성문화, 국제교류, 자원봉사 등 특정 분야 전문교육 프로그램 운영
④ **청소년문화의집** - 간단한 수련활동을 실시할 수 있는 시설 및 설비를 갖춘 정보 · 문화 · 예술 중심의 수련시설.
  • 캠프·동아리활동 등 청소년활동, 수학·어학 강좌 등 교육문화 강좌, 진로 체험 및 진로지도 등 특색있는 프로그램 운영
  • 체육관, 대규모 강당 등을 보유하지 않은 소규모 시설로 수련관의 체육활동 이외 대부분의 프로그램 운영
⑤ **청소년야영장** - 야영에 적합한 시설 및 설비를 갖추고 수련거리 또는 야영편의를 제공하는 수련시설.
  • 야영을 매개로 수련원과 유사한 학교단체 수련활동 등 운영
⑥ **유스호스텔** - 청소년의 숙박 및 체제에 적합한 시설. 설비와 부대, 편익시설을 갖추고 숙식 편의 제공, 여행 청소년의 활동지원 등을 주된 기능으로 하는 시설.
  • 유스호스텔은 허가받은 시설·설비 범위 내에서 수련원과 유사한 학교단체 수련활동 등 운영

(2) 청소년이용시설

수련시설이 아닌 시설로서 그 설치목적의 범위 내에서 청소년활동의 실시와 청소년의 건전한 이용이 가능한 시설을 의미한다.

▶ **청소년이용시설의 종류**
  ①「문화예술진흥법」에 따른 문화시설
  ②「과학관의 설립·운영 및 육성에 관한 법률」에 따른 과학관
  ③「체육시설의 설치·이용에 관한 법률」에 따른 체육시설

④ 「평생교육법」에 따른 평생교육기관
⑤ 「산림문화휴양에 관한 법률」에 따른 자연휴양림
⑥ 「수목원 정원의 조성 및 진흥에 관한 법률」에 따른 수목원
⑦ 「사회복지사업법」에 따른 사회복지관
⑧ 시민회관·어린이회관·공원·광장·둔치, 그 밖에 이와 유사한 공공용 시설로서 청소년활동 또는 청소년들이 이용하기에 적합한 시설
⑨ 그 밖에 다른 법령에 따라 청소년활동과 관련되어 설치된 시설

5) 5대 국립청소년수련시설★★★★★

「청소년활동진흥법」제11조 제1항 제1호에서는 "국가는 두 개 이상의 시·도 또는 전국의 청소년이 이용할 수 있는 국립청소년시설을 설치·운영하여야 한다."라고 규정하고 있다. 이러한 역할을 담당하기 위하여 현재 5개의 국립청소년수련시설을 설치되어 운영하고 있다.

(1) 국립중앙청소년수련원
- 청소년수련 프로그램의 개발, 보급 및 시범 운영, 청소년지도자의 양성 및 연수, 국내외 청소년교류 및 수련시설 간의 네트워크 정보제공
- 충청남도 천안 소재(2001년 6월 준공)

(2) 국립평창청소년수련원
- 자연권 청소년수련활동의 시범적 운영 및 총괄, 지원을 위한 자연권 수련시설
- 수련시설에 대한 지원, 청소년수련활동 운영의 새로운 방향 제시
- 강원도 평창 소재(1998년 10월 준공)

(3) 국립청소년우주센터
- 우주 분야에 대해 전문화·특성화된 수련시설로서 청소년 우주체험활동의 장을 해외에서 국내로 전환하여 우리나라 청소년들에게 우주체험활동의 기회를 제공하려는 목적으로 건립

- 전라남도 고흥 소재(2010년 7월 준공)

(4) **국립청소년농생명센터**
- 농업생명 체험에 대해 전문화·특성화된 수련시설로서 생명과학, 농업기술, 생태 환경의 특화된 체험을 제공하려는 목적으로 건립
- 전라남도 김제 소재(2013년 7월 준공)

(5) **국립청소년해양센터**
- 해양환경 체험에 대해 전문화·특성화된 수련시설로서 해양자원 개발 및 기술발전에 대한 비전을 제시하려는 목적으로 건립
- 경상남도 영덕 소재(민간자본 투입/2013년 7월 준공)

6) 청소년복지지원법에 따른 청소년 정책 ★★★★★

① **청소년 우대** :
- 국가에서 운영하는 수송, 문화시설 등 청소년 우대(이용료면제 등)
- 청소년증 발급

② **청소년의 건강보장**: 체력과 건강진단실시

③ **지역사회 청소년통합지원체계 구축 및 운영**:
- 지역사회 내 청소년복지를 위한 운영위원회 수립 및 심의

④ **위기청소년 지원 및 선도**:
- 상담 및 교육
- 위기청소년 특별지원(생활, 학업, 의료, 직업훈련 등)
- 청소년 가출 예방 및 보호 지원
- 이주배경청소년 지원

⑤ **청소년상담복지개발원 운영**:
- 청소년 상담 및 복지와 관련된 정책연구
- 청소년 상담, 복지사업의 개발 및 운영 지원
- 청소년 상담기법의 개발 및 상담자료의 제작 및 보급 등

⑥ **청소년상담복지센터 운영**:
- 지자체장은 청소년에 대한 상담, 긴급구조, 자활, 의료지원 등의 업무

를 수행하기 위하여 청소년상담복지센터를 설치·운영한다.
- 청소년과 부모에 대한 상담·복지지원
- 상담 자원봉사자와 청소년지도자에 대한 교육 및 연수
- 청소년 폭력, 학대 등으로 피해를 입은 청소년의 긴급구조 등

⑦ **청소년복지시설 운영**: 청소년 쉼터, 청소년자립지원관, 청소년치료재활센터, 청소년회복지원시설 등

⑧ **아동학대 피해아동 보호**:
- 아동학대아동원 신변보호 및 건강한 성장을 위한 지원 등
- 아동보호전문기관 운영
- 아동복지시설 설치 및 운영
- 가정위탁지원센터 운영 등

⑨ **한부모가족지원**:
- 가족실태조사
- 지원대상자 조사 및 복지급여 신청 및 지원
- 가족지원서비스 제공
- 한부모가족복지시설(모자가족복지시설, 부자가족복지시설, 미혼모가족복지시설, 한부모가족복지상담소 운영

⑩ **청소년 근로기준법**:
- 취직인허증 발급
- 근로계약과 근로시간으로 청소년 근로자 보호

7) 청소년복지시설의 종류★★★★★

① **청소년쉼터** : 가출청소년에 대하여 가정·학교·사회로 복귀하여 생활할 수 있도록 일정기간 보호하면서 상담·주거·학업·자립 등을 지원하는 시설

② **청소년자립지원관** : 일정기간 청소년쉼터 또는 청소년복지시설의 지원을 받았는데도 가정·학교·사회로 복귀하여 생활할 수 없는 청소년에게 자립하여 생활할 수 있는 능력과 여건을 갖추도록 지원하는 시설

③ **청소년치료재활센터** : 학습·정서·행동상의 장애를 가진 청소년을 대상으로 정상적인 성장과 생활을 할 수 있도록 해당 청소년에게 적합한

치료교육 및 재활을 종합적으로 지원하는 거주형 시설
④ **청소년회복지원시설** : 「소년법」 제32조 제1항에 따른 감호 위탁 처분을 받은 청소년에 대하여 보호자를 대신하여 그 청소년을 보호할 수 있는 자가 상담·주거·학업·자립 등 서비스를 제공하는 시설

8) 한국청소년활동진흥원 ★★★★★

한국청소년활동진흥원(KYWA)은 「청소년활동진흥법」 제6조에 의해 청소년활동현장과 정책을 총괄 지원하여 청소년육성을 지원하고자 설립된 공공기관이다. 청소년활동 프로그램의 개발과 보급, 청소년활동의 체험 기회 마련 및 활성화, 안전하고 신뢰받는 체험환경의 조성, 청소년 육성에 필요한 종합적 정보관리 및 제공, 청소년자원봉사 및 국내외 청소년교류활동의 진흥, 그리고 청소년지도사의 양성 및 교육 등 정책적 과제를 내실 있게 추진하고 있습니다.

▶ **한국청소년활동진흥원의 업무(기능)**
① 청소년활동, 청소년복지, 청소년보호에 관한 종합적인 안내 및 서비스 제공
② 청소년육성에 필요한 정보 등의 종합적 관리 및 제공
③ 청소년수련활동인증제도 및 수련활동 신고제운영
④ 청소년자원봉사활동의 활성화
⑤ 청소년활동프로그램 개발과 보급
⑥ 청소년지도자의 연수
⑦ 국가가 설치하는 수련시설에 대한 유지 · 관리 및 운영업무의 수탁
⑧ '국제청소년성취포상제' 및 '청소년자기도전포상제' 운영
⑨ '청소년특별회의' 운영 등
⑩ 청소년활동시설이 실시하는 국제교류 및 협력사업에 대한 지원
⑪ 수련시설 종합 안전점검에 대한 지원
⑫ 그 밖에 여성가족부장관이 지정하거나 활동진흥원의 목적을 수행하기 위하여 필요한 사업

9) 한국청소년상담복지개발원★★★★★

한국청소년상담복지개발원은 「청소년복지지원법」 제22조에 의해 설립된 여성가족부 산하 공공기관이다. 각 지역 청소년상담복지센터와 유관기관 간 연계를 통해 위기청소년을 돕는 '지역사회 청소년통합지원체계(CYS-Net)'를 구축·운영하고 있으며, '학교 밖 청소년 지원센터(청소년지원센터 꿈드림)'의 중앙지원기관으로서 학업을 중단한 청소년들의 학업 복귀와 사회 진입을 적극 지원하고 있습니다.

▶ 한국청소년상담복지개발원의 사업내용
 ① 청소년 상담 및 복지와 관련된 정책의 연구
 ② 청소년 상담·복지 사업의 개발 및 운영·지원
 ③ 청소년 상담기법의 개발 및 상담자료의 제작·보급
 ④ 청소년 상담·복지 인력의 양성 및 교육
 ⑤ 청소년 상담·복지 관련 기관 간의 연계 및 지원
 ⑥ 지방자치단체 청소년복지지원기관의 청소년 상담·복지 관련 사항에 대한 지도 및 지원
 ⑦ 청소년 가족에 대한 상담·교육
 ⑧ 청소년에 관한 상담·복지 정보체계의 구축·운영
 ⑨ 청소년상담원의 목적을 수행하기 위하여 필요한 부수 사업

10) 청소년상담복지센터★★★

청소년상담복지센터는 16개 시·도 모두에 설치 운영하고 있으며, 사업목적은 청소년 상담, 긴급구조, 자활, 의료지원 등 통합지원 서비스를 제공하여 청소년의 건강한 성장 및 복지증진을 도모하는 것입니다

▶ 주요 사업내용
 ① 상담서비스 : 내방상담, 전화상담, 집단상담, 인터넷상담, 각종 심리검사 등
 ② 지역사회 청소년통합지원체계(CYS-Net) 운영

③ Help Call 청소년전화 1388 운영
④ 청소년동반자(YC) 프로그램 운영
⑤ 위기청소년 자립지원 프로그램인 두드림존 사업

11) 한국청소년정책연구원 ★★★

 한국청소년정책연구원은「청소년육성법」제19조에 의해 설립, 1993년「청소년기본법」제50조에 의해 한국청소년개발원으로 확대·개편, 2007년 5월「정부출현 영구기관 등의 설립·운영 및 육성에 관한 법률」개정에 따라 '한국청소년정책연구원'으로 명칭 변경된 공공기관이다. 청소년 기초조사 및 정책연구 수행, 청소년정책평가 및 자문지원, 국내외 교류 및 협력사업 추진, 정책 및 연구자료 제공 등 국책연구기관으로서의 역할을 수행한다.
 특히, 국가지방자치단체의 청소년 관련 정책수립을 위한 연구 및 정책 현안에 대한 대응방안과 프로그램을 개발하고, 민감부문에서 이루어지는 각종 청소년 관련 사업의 원활한 추진을 위한 지원 및 자문을 제공하는 청소년분야의 중추정책기관으로서의 역할을 수행하고 있다.

▶ **한국청소년정책연구원의 사업내용**
 ① 청소년 기초조사 및 정책연구 수행
 ② 청소년정책평가 및 자문지원
 ③ 국내외 교류 및 협력사업 추진
 ④ 정책 및 연구자료 제공
 ⑤ 청소년 관련 정책수립을 위한 연구 및 정책 현안에 대한 대응방안과
   프로그램을 개발

12) 청소년육성 전담공무원 및 전담기구 설치

 청소년육성에 관한 업무를 효율적으로 운영하기 위하여 특별시·광역시·특별자치시·도·특별자치도, 시·군·구 및 읍·면·동에 청소년육성 전담공무원을

둘 수 있으며, 시·도 및 시·군·구 청소년육성에 관한 업무를 전담하는 기구를 따로 설치하여 청소년육성 전담공무원을 둘 수 있고, 청소년육성 전담공무원은 청소년지도사 또는 청소년상담사의 자격을 가진 사람으로 하고 관할 구역의 청소년과 청소년지도자 등에 대하여 그 실태를 파악하고 필요한 지도를 하여야 한다(「청소년기본법」 제25조)

13) 청소년 육성기금

청소년육성기금 마련 방법과 용도를 말해보시오.
① **설치** - 「청소년기본법」 53조에 따라, 여성가족부장관이 관리·및 운용하고 한국청소년단체협의회, 한국청소년활동진흥원, 한국청소년정책연구원, 서울올림픽기념국민체육진흥공단 중에서 선정하여 위탁할 수 있다.
② **조성** - 「청소년기본법」 54조에 따라, 정부출연금, 국민체육진흥법/경륜·경정법에 의한 출연금, 개인/법인/ 단체가 출연하는 금전 물품 재산, 기금운용 수익금, 그 밖에 대통령령이 정하는 수입금.
③ **사용** - 「청소년기본법」 55조에 따라, 청소년지도자양성지원, 청소년단체 운영 및 활동지원, 청소년시설의 설치 및 운영 지원, 청소년활동지원, 청소년복지증진 지원, 청소년 보호 지원, 기금조성사업을 위한 지원.

14) 청소년정책 전달체계

- 청소년활동은 역량강화와 기회균등을 핵심 이념으로 본다.
① **역량강화 측면**에서 본다면 청소년역량개발과에서 한국청소년활동진흥원, 시·도의 청소년활동진흥센터, 시·군·구의 청소년지원센터 순으로 내려갑니다.
② **기회균등 측면**에서 보면 청소년자립지원과에서 한국청소년상담복지개발원 시·도 청소년상담지원센터, 시·군·구에 청소년지원센터 순으로 마지막 전달체계인 시·군·구의 청소년지원센터에서는 One stop service가 이루어진다.

15) 청소년단체

 청소년단체는 「청소년기본법」 제3조에 의해 청소년육성을 주된 목적으로 설립된 법인 또는 대통령이 정하는 단체(청소년활동, 청소년복지, 청소년보호를 주요사업으로 하는 단체로서 여성가족부장관이 정하는 단체)를 말한다.
 청소년단체는 학교교육과 상호 보완할 수 있도록 청소년활동, 청소년 삶의 질 향상을 위한 청소년복지, 유해환경으로부터의 청소년보호의 역할을 수행한다.

▶ **한국청소년단체협의회 사업내용**
 ① 회원단체의 사업과 활동에 대한 협조·지원
 ② 청소년지도자의 연수와 권익 증진
 ③ 청소년 관련분야의 국제기구활동
 ④ 외국 청소년단체와의 교류 및 지원
 ⑤ 남·북청소년 및 해외교포청소년과의 교류·지원
 ⑥ 청소년활동에 관한 조사·연구·지원
 ⑦ 청소년 관련 도서 출판 및 정보지원
 ⑧ 청소년육성을 위한 홍보 및 실천 운동
 ⑨ 제41조에 따른 지방청소년단체협의회에 대한 협조 및 지원
 ⑩ 그 밖에 청소년육성을 위하여 필요한 사업

▶ **청소년단체 지원에 관한 법적 근거**
 ① 한국해양소년단연맹(한국해양소년단연맹 육성에 관한 법률)
 ② 한국청소년연맹(한국청소년연맹 육성에 관한 법률)
 ③ 보이스카우트, 걸스카우트(스카우트활동 육성에 관한 법률)
 ④ 4H(한국4에이치활동 지원법)
 ⑤ 청소년적십자(대학적십자사 조직법)
 ⑥ 한국과학우주청소년단(한국과학우주청소년단 육성에 관한 법률),
  → 약칭 과학청소년단

16) 청소년지도사 및 청소년상담사의 배치기준★★★★★

청소년지도사 배치 지원사업의 목적은 공공 청소년수련시설 등에 능력과 전문성을 갖춘 청소년지도사를 배치하여 수련시설 운영 활성화 및 청소년수련활동 프로그램의 질적 향상을 도모하고, 다양한 청소년 수련활동 전담지도를 통해 인성 함양, 도전정신 등을 길러줌으로써 청소년들이 건강하고 창의적이며 역량 있는 인재로 성장할 수 있도록 지원하는 것이다.

현재 국비지원을 받아 배치하는 청소년지도사는 활동프로그램이 상시 운영되는 청소년수련관과 청소년문화의집을 중심으로 수련활동 활성화를 이끌 수 있는 시설에 우선 배치하고 있으며, 1시설 당 1명 배치를 원칙으로 진행하고 있다.

(1) 청소년수련시설
① **청소년수련관** - 1급 청소년지도사 1명, 2급 청소년지도사 1명, 3급 청소년지도사 2명 이상을 두되, 수용인원이 500명을 초과하는 경우에는 500명 초과하는 250명당 1급, 2급 또는 3급 청소년지도사 중 1명 이상을 추가 배치해야 한다.
② **청소년수련원** - 2급, 3급 청소년지도사를 각각 1명 이상 두어야 합니다(청소년수련원의 수용정원이 500명을 초과하는 경우에는 1급 청소년지도사 1명 이상과 500명을 초과하는 250명당 청소년지도사 중 1명 이상을 추가로 배치해야 합니다).
③ **청소년특화시설** - 2급 청소년지도사 및 3급 청소년지도사를 각각 1명 이상 둔다.
④ **청소년문화의 집** - 청소년지도사를 1명 이상 둔다.
⑤ **청소년야영장** - 청소년지도사를 1명 이상 둔다. 다만, 설치·운영자가 동일한 시·도 안에 다른 수련시설을 운영하면서 청소년야영장을 운영하는 경우로서, 다른 수련시설에 청소년지도사를 둔 경우에는 그 청소년야영장에 청소년지도사를 별도로 두지 않을 수 있다.
⑥ **유스호스텔** - 청소년지도사를 1명 이상 두되, 숙박정원이 500명을 초과하는 경우에는 2급 청소년지도사 1명을 추가로 둔다.

(2) 청소년단체

청소년 회원수가 2천명 이하인 경우 1급, 2급 청소년지도사 중 1명 이상을 두되, 청소년회원 수가 2천 명을 초과하는 경우에는 그 초과하는 2천 명마다 1급, 2급 청소년지도사 중 1명 이상을 추가로 두고, 청소년회원 수가 1만 명 이상이면 청소년지도사의 5분의 1 이상을 1급 청소년지도사로 배치해야 한다.

(3) 청소년상담사

수련시설이 아닌 시설로서, 그 설치목적의 범위에서 청소년활동의 실시와 청소년의 건전한 성장을 위하여 「청소년기본법」 제23조, 「청소년기본법 시행령」 제25조에 따라 청소년 시설과 청소년단체에 배치된다.

배치대상 청소년시설	배치기준
「청소년복지지원법」에 따라 특별시·광역시·도 및 특별자치도에 설치된 청소년상담복지센터	청소년상담사 3명 이상을 둔다.
「청소년복지지원법」에 따라 시·군·구에 설치된 청소년상담복지센터	청소년상담사 1명 이상을 둔다.
「청소년복지지원법」에 따른 청소년복지시설	청소년상담사 1명 이상을 둔다.

※ 청소년관련법 각 법의 시행·적용

청소년 기본법	- 시·도 청소년상담지원센터, 청소년지도사·상담사, 한국청소년단체협의회, 한국청소년상담원, 지방청소년단체협의회, 청소년특별회의, 청소년참여위원회, 청소년육성기금조성
청소년활동 진흥법	- 청소년운영위원회, 청소년활동시설(수련·이용시설) 한국청소년활동진흥원, 수련활동인증제, 한국수련시설협회, 청소년수련지구, 청소년교류센터, 청소년문화축제, 청소년동아리활동활성화, 자원봉사활동활성화
청소년복지 지원법	- 특별지원청소년, 청소년증, 청소년쉼터, 청소년방과후아카데미, 청소년공부방, 드림스타트사업
청소년 보호법	- 청소년보호위원회, 위기청소년교육센터->청소년보호·재활센터. **청소년시청보호시간대** - 평일:오전7~9시까지, 오후1~10시까지 *토요일, 공휴일, 방학기간:오전7-오후10시까지
아동·청소년 성보호에 관한 법률	- 신상정보공개.

3. 청소년사업의 이해★★★★★

청소년사업은 **청소년활동 안전사업**, **청소년복지사업**, **청소년보호사업**, **청소년참여증진 우대사업** 등의 네 분류로 구분된다.

① **청소년활동 안전사업**
- 청소년방과후아카데미 운영
- 지역 청소년활동정책 진흥사업
- 청소년어울림마당 및 동아리활동 지원사업
- 청소년수련시설 종합평가 및 안전/위생 점검
- 청소년지도사배치지원
- 청소년수련활동 신고제 운영

② **청소년복지사업**
- 청소년상담복지센터 운영
- 청소년동반자 프로그램 운영
- 청소년쉼터 운영
- 청소년자립지원관 운영
- 청소년회복지원시설 운영
- 청소년 특별지원사업 운영
- 지역사회 청소년통합지원체계(CYS-Net) 운영
- 학교 밖 청소년 지원센터 사업
- 여성청소년 보건위생물품(생리대) 바우처 지원

③ **청소년보호사업**
- 청소년 유해환경감시단 운영관리
- 청소년 인터넷/스마트폰 과의존 예방 및 해소 지원사업
- 청소년 인터넷/스마트폰 과의존 전담상담사 배치
- 국립청소년인터넷드림마을 운영
- 청소년치료재활센터 운영
- 청소년 근로권익 보호

④ **청소년참여증진 우대사업**
- 청소년 참여 증진
- 청소년 우대 및 청소년증

1) 청소년수련활동인증제도★★★★★

 청소년수련활동이 청소년의 균형 있는 성장에 기여할 수 있도록 국가 및 지방자치단체 또는 개인·법인·단체 등이 실시하고자 하는 청소년수련활동을 인증하고, 인증된 수련활동에 참여한 청소년의 활동 기록을 유지·관리·제공하는 청소년수련활동프로그램에 대한 국가인증제도로 여성가족부가 총괄한다.
 국가는 청소년수련활동이 청소년의 균형 있는 성장에 기여할 수 있도록 그 내용과 수준을 향상시키기 위하여 청소년수련활동 인증제도를 운영하여야 한다(「청소년활동진흥법」 제35조).

▶ **청소년수련활동 인증제도의 특징**
 ① **맞춤형 참여** : 청소년의 눈높이에 맞는 다양하고 재미있는 인증수련활동에 참여할 수 있다.
 ② **안전과 전문성** : 안전한 활동환경을 갖추고 전문성을 갖춘 지도자와 함께한다.
 ③ **체계적 관리** : 인증신청, 수시점검, 사후관리 등 인증수련활동의 시작부터 끝까지 꼼꼼하게 관리한다.
 ④ **경험의 활용** : 인증수련활동 참여 후 여성가족부장관 명의 참여 기록 확인서를 발급받을 수 있고, 포트폴리오를 작성하여 관리할 수 있다.

▶ **청소년수련활동 인증제 활동의 유형**
 ① **기본형** : 전체 프로그램 운영시간이 3시간 이상으로서, 실시한 날에 끝나거나 1일 1시간 이상 각 회기로 숙박 없이 수일에 걸쳐 이루어지는 활동 (청소년문화의집, 청소년수련관 등의 생활권 시설에서 실시)
 ② **숙박형** : 숙박에 적합한 장소에서 일정 기간 숙박하며 이루어지는 활동 (1박 2일, 2박 3일, 3박 4일 등 - 청소년수련원, 유스호스텔, 청소년야영장 등의 숙박가능 시설에서 실시)
 ③ **이동형** : 활동내용에 따라 선정된 활동 장을 이동하여 숙박하며 이루어지는 활동(국토순례 등)
 ④ **학교단체숙박형** : 학교장이 참가를 승인한 숙박형 활동

* 개별단위프로그램 : 학교단체 숙박형 활동을 구성하는 각각의 프로그램

▶ **청소년수련활동 인증기준**
① 인증기준 영역은 국내 청소년활동과 국제 청소년활동으로 구분된다.
② 각 영역별 인증기준은 공통기준과 개별기준으로 구성
③ 반드시 인증을 받아야 하는 프로그램은 특별기준을 추가로 적용한다.
㉠ 공통기준 영역/유형
  • 활동프로그램 : 프로그램 구성, 프로그램 자원운영
  • 지도력 : 지도자 자격, 지도자 역할과 배치
  • 활동환경 : 공간과 설비의 확보와 관리, 안전관리 계획
㉡ 개별기준 영역/유형
  • 숙박형 : 숙박관리, 안전관리인력 확보, 영양 관리자 자격
  • 이동형 : 숙박관리, 안전관리인력 확보, 영양 관리자 자격, 휴식관리, 이동관리
㉢ 특별기준 영역/유형
  • 위험도가 높은 활동 : 전문지도자의 배치, 공간과 설비의 법령 준수
  • 학교단체 숙박형 : 학교단체 숙박형 활동 관리

▶ **청소년수련활동의 인증신청**
① **신청대상** : 국가와 지방자치단체 또는 개인·법인·단체 등 누구나 청소년수련활동에 필요한 프로그램을 개발하여 실시하려는 경우 인증을 신청할 수 있습니다. 단, 청소년 참가인원이 150명 이상이거나 위험도가 높은 청소년수련활동으로 지정된 활동을 실시하려는 경우에는 사전에 인증을 받아야 합니다.
② **신청시기** : 활동 참가자모집 또는 활동개시 45일 이전에 청소년수련활동인증위원회에 관련 서류를 갖추어 인증신청을 합니다.
③ **제외대상** : 청소년 시기에 필요한 기량과 품성을 함양할 수 있는 교육적 활동으로 인증기준을 충족하는 활동이어야 합니다. 다만, 불특정 다수를 대상으로 하는 행사나 축제, 단순 기능습득을 위한 훈련이나 강좌 등은 제외됩니다.
④ **어떻게** : 청소년수련활동 인증정보시스템을 통해 온라인으로 신청합

니다.
    Tip. 인증정보시스템 인터넷주소 : http://yap.youth.go.kr
  ⑤ **제출서류** : 청소년수련활동인증신청서와 인증기준별 증빙서류 등

▶ **인증수련활동 사·후 관리**
① 반드시 수행해야 하는 사후관리
  • 활동 실시 전 : 실시 일자 통보(실시 14일 전)
  • 활동 실시 후 : 활동 결과 보고(활동 종료 후 15일 내 등재)
    ※ 실시 일자 통보 및 활동 결과를 보고하지 않을 경우 인증수련활동으로 운영 인정 불가
② 필요에 따라 수행해야 하는 사후관리
  • 변경 : 인증 사항에서 변경 사항이 발생할 경우(활동 실시 14일 전)
  • 연장 : 인증 유효 기간 연장 신청(유효 기간 만료 45일 전)
  • 대상에 해당되는 경우 이행 여부 확인 및 수시점검

▶ **위험도가 높은 청소년수련활동**
① **수상활동** : 래프팅, 모터보트, 동력요트, 수상오토바이, 고무보트, 수중스쿠터, 호버크래프트, 수상스키, 조정, 카약, 카누, 수상자전거, 서프보드, 스킨스쿠버
② **항공활동** : 패러글라이딩, 행글라이딩
③ **산악활동** : 클라이밍(자연암벽, 빙벽), 산악스키, 4시간 이상의 야간 등산
④ **장거리걷기활동** : 10km 이상 도보 이동
⑤ **그 밖의 활동** : 유해성 물질(발화성, 부식성, 독성 또는 환경유해성 등) 사용, 집라인(Zip-Line), ATV 탑승 등 사고위험이 높은 물질·기구·장비 등을 활용하여 이루어지는 청소년수련활동

▶ **인증절차 필요 없는 단체**
  스카우트주관단체, 걸스카우트주관단체, 한국청소년연맹, 한국해양소년단연맹, 4에이치(4H)활동주관단체, 청소년적십자

2) 청소년수련활동신고제★★★★★

청소년수련활동신고제는 19세 미만의 청소년을 대상으로 하는 청소년수련활동의 실시계획을 신고하도록 하고, 신고 수리된 내용을 공개하여 국민이 정보를 활용할 수 있도록 하는 제도이다.

참가자에 대한 사전안전교육과 안전관리 계획 등 청소년수련활동 관련 각종 안전사고 예방을 위한 체계를 마련하기 위해 2013년 11월 '이동·숙박형 청소년활동 신고제도'로 도입되어, 2014년 7월부터 '**숙박형 등 청소년활동 계획의 신고**'제도로 신고대상과 활동을 변경하여 시행 중이다. 이를 통해 위험한 수련활동은 인증을 의무화하고, 수행능력이 미흡한 자의 수련활동 위탁을 제한하는 등 안전사고를 미연에 방지하고자 하는 제도이다.(「청소년활동진흥법」제9조).

▶ **청소년수련활동 신고제도의 효과**
① 수련활동의 신고를 준비하는 과정에서 활동 운영 전반에 관한 안전을 점검할 수 있다.
② 범죄 경력자 등 결격 사유 있는 지도자의 참여를 막을 수 있다.
③ 안전보험 가입을 의무화하여 보다 안전한 수련활동을 진행할 수 있도록 하였다.
④ 신고 수리된 활동 정보를 인터넷사이트(www.youth.go.kr)에 공개함으로써 청소년, 학부모 등 정가 필요한 모든 사람의 활동 선택과 참여 결정에 도움이 되도록 하였다.

▶ **청소년수련활동 신고 절차**
① **신고대상** : 19세 미만 청소년을 대상으로 청소년수련활동을 기획하고 주최하려는 경우 신고를 해야 합니다. 다만, ㉠ 다른 법률에서 지도·감독 등을 받는 비영리 법인·단체에서 운영하거나 ㉡ 청소년이 부모 등 보호자와 함께하는 경우와 ㉢ 종교단체가 운영하는 경우는 신고대상에서 제외됩니다.
  * ㉠의 예시 : 스카우트주관단체, 걸스카우트주관단체, 한국청소년연맹, 한국해양소년단연맹, 4에이치활동주관단체, 청소년적십자
  * ㉢의 예시 : 템플스테이(사찰), 여름성경학교(교회)

② **신고시기** : 청소년수련활동 모집 14일 전까지 소재지 관할 시·군·구에 관련 서류를 갖추어 신고하여야 합니다.
③ **신고대상** : 숙박형 청소년수련활동과 비숙박 청소년수련활동 중 청소년 참가인원이 150 이상이거나, 위험도가 높은 수련활동으로 지정된 활동의 대상입니다.
④ **어떻게** : 소재지 관할 시·군·구에 직접 제출하거나 청소년수련활동 신고시스템을 통한 온라인 신고가 가능합니다.
   * 신고시스템 인터넷주소 : www.youth.go.kr/singo.do
⑤ **제출서류** : ㉠ 청소년수련활동계획신고서, ㉡ 청소년활동운영계획서(자유양식), ㉢ 주최자, 운영자, 보조자 명단, ㉣ 청소년활동 세부내역서, ㉤ 보험증권 등

3) 국제청소년성취포상제★★★★★

국제청소년성취포상제는 만14세~24세 사이의 모든 청소년들이 자기개발, 신체단련, 봉사 및 탐험활동을 통해 그들의 잠재력을 최대한 개발하고, 청소년 자신 및 지역사회와 국가를 변화시킬 수 있는 삶의 기술을 갖도록 국제적 자기성장 프로그램입니다.

1956년 영국의 에딘버러 공작에 의해 시작되어 현재 140여 개국에서 운영되고 있다.

구분	봉사활동	자기개발활동	신체단련활동	탐험활동	합숙활동
금장 16세 이상	12개월 48시간 이상 (48회 이상)	12개월 48시간 이상 (48회 이상)	12개월 48시간 이상 (48회 이상)	3박 4일	4박 5일 ※금장 단계에 한함
	은장을 보유하지 않은 자는 봉사, 자기개발, 신체단련 중 하나를 선택하여 추가로 6개월 수행				
은장 15세 이상	6개월 24시간 이상 (24회 이상)	6개월 24시간 이상 (24회 이상)	6개월 24시간 이상 (24회 이상)	2박 3일	
	동장을 보유하지 않은 자는 봉사, 자기개발, 신체단련 중 하나를 선택하여 추가로 6개월 수행				
동장 14세 이상	3개월 12시간 이상 (12회 이상)	3개월 12시간 이상 (12회 이상)	3개월 12시간 이상 (12회 이상)	1박 2일	
	참가자는 봉사, 자기개발, 신체단련 중 하나를 선택하여 추가로 3개월 수행				

▶ 특징
① 포상제는 비경쟁성, 평등성, 자발성, 유연성, 균형성, 단계성, 성취지향성, 과정중시형, 지속성, 흥미 등 10가지 기본이념을 바탕으로 활동이 이루어지며, 참여 청소년들이 자기주도성과 도전정신을 통해 자신의 역량을 지속적으로 개발시킬 수 있는 습관을 가질 수 있게 한다.
② 참여하려면 만 14세 이상이어야 하며, 만 24세까지 참여할 수 있다.
③ 다만, 포상단계별로 최소 참여연령을 두어 동장 만 14세 이상, 은장 만 15세 이상, 금장 만 16세 이상의 청소년만 가능하다.
④ 포상제에 참여할 수 있는 청소년의 연령은 만14세~24세까지로 제한되어, 만25세 생일 전까지 최종활동을 마칠 수 있는 청소년이면 누구나 참여할 수 있다.
③ 포상활동은 자기개발, 신체단련, 봉사활동, 탐험활동의 4가지 활동이며, 주어진 최소활동을 충족해야 한다.
④ 금장 활동일 경우, 4가지 활동에 더불어 합숙활동을 추가로 해야 한다.
⑤ 포상단계는 동장(6개월), 은장(6~12개월), 금장(12~18개월)으로, 4가지 활동영역 모두 포상활동별 최소 활동기간을 충족하고 성취목표를 달성해야 포상을 받을 수 있다.
⑥ 다만, 1회 활동당 최소 7일 이상의 간격을 꼭 두어야 하며, 1회 활동시간은 60분 이상이어야 하며,
⑦ 자기개발, 신체단련, 봉사활동 영역의 경우는 목표를 이루기 위해 선택한 활동에 정기적으로 참여해야 한다.

4) 청소년자기도전포상제★★★★

청소년자기도전포상제는 국제청소년성취포상제 기본운영 틀과 연계된 활동으로, 만 9세부서 만13세(학령기 초등학교 3학년~중학교 2학년)의 청소년들이 자기개발, 신체단련, 봉사활동, 탐험활동의 4가지 활동영역에서 일정기간 동안 스스로 정한 목표를 성취해 가며, 숨겨진 끼를 발견하고 꿈을 찾아가는 자기성장 프로그램이다.

▶ 특징
① 다양한 활동, 스스로 하는 활동, 재능의 발견 및 개발의 기회, 단계적 활동, 경쟁이 없는 활동, 성취 지향적 활동, 좋은 친구가 되기 위한 활동, 즐길 수 있는 활동 등 총 8가지의 철학을 바탕으로 저연령 청소년들의 능력 및 소질을 개발하고 지역사회에서 타인과 조화로운 삶의 기술을 습득하는 경험을 가질 수 있도록 구성되었다.
② 포상활동 단계(금장, 은장, 동장)와 활동영역(자기개발, 신체단련, 봉사활동, 탐험활동)은 국제청소년성취포상제와 동일하다.
③ 참가자 연령조건은 만9~13세이고, 동장과 은장을 모두 포상받은 청소년은 나이 제한 없이 금장 단계활동에 도전이 가능하며,
④ 만14세가 되기 전까지 또는 중학교 2학년이 종료되기 전까지 활동을 마쳐야 한다.
⑤ 그러나 금장 단계에만 도전하는 청소년의 경우 중학교 1학년 연령 이상이어야 한다.
⑥ 참여 기간은 국제청소년성취포상제와 마찬가지로 1회 활동당 최소 7일 이상의 간격을 두어 참여하되, 최종 소요기간에 있어서는 동장, 은장, 금장의 순서대로 포상을 받은 참여자와 동장 단계 없이 또는 은장 단계 없이 바로 은장 단계나 금장 단계에 도전하는 경우 차이가 있다.
⑦ 동장부터 순서대로 포상을 받는 참여자는 동장 4개월 이상, 은장 4개월 이상, 금장 6개월 이상의 기간을 두고 있으며, 은장부터 시작한 경우 8개월 이상, 금장 단계만 하는 경우 12개월 이상의 기간을 지켜야 한다.
⑧ 그 밖에 참여절차, 포상 자도자의 역할, 운영기구 등은 국제청소년성취포상제와 유사하다.

5) 청소년방과후아카데미★★★★★

방과후아카데미는 초등 4학년부터 중학 3학년까지의 청소년을 대상으로 여성가족부와 지방자치단체에서 청소년들의 건강한 방과 후 생활과 삶의 질 향상을 위해 전문체험 및 학습 프로그램, 청소년 생활관리 등 종합서비스를

지원하는 국가정책지원 사업이다.

아카데미의 정책목표는 중앙정부과 지방정부, 학교와 가정·지역사회가 연계하여 공교육을 보완하는 공적서비스 기능을 강화하고, 맞벌이·한부모·장애·취약계층 가정의 방과후 홀로 시간을 보내는 청소년들에 대하여 학습능력배양·체험활동·급식·건강관리·상담 등 종합학습지원 및 복지·보호·지도를 통해 건전한 성장지원을 목적으로 하고 있다(「청소년기본법」 제48조).

- 여성의 경제참여 지원, 저소득가정 사교육비 절감, 나 홀로 청소년의 범죄·비행 노출 예방 등 부수적인 효과를 기대
- 여성가족부와 지방자치단체가 공동으로 운영
- 방과후아카데미 실시장소 : 청소년수련관, 청소년문화의집, 공공청소년공부방, 청소년단체시설 등을 활용

6) 청소년어울림마당★★★

2004년부터 '청소년문화존'으로 실시된 사업으로, 2017년 '청소년어울림마당'으로 명칭변경 된 청소년어울림마당은 문화예술, 스포츠 등을 소재로 한 공연, 경연, 전시, 놀이체험 등 문화체험이 펼쳐지는 장으로 청소년의 접근이 용이하고 다양한 지역사회 자원이 결합된 일정한 공간을 의미한다. 청소년어울림마당의 '어울림마당'은 순우리말로, '청소년이 활동을 통하여 상호소통하는 장'이라는 뜻이 담겨있습니다.

이 사업의 목적은 지역 내의 청소년들이 다양한 문화활동의 생산자이자 소비자로서 주도적으로 문화활동에 참여할 수 있는 상시적 공간을 조성하여 청소년의 문화적 감수성 및 역량 증진을 도모하는 것과 동아리 및 지역사회 자원과 연계한 청소년활동을 통하여 건전한 청소년문화 형성을 도모하는 것이다.

7) 지역사회청소년통합지원체계(CYS-Net)★★★★

CYS-Net은 Community Youth Safety Net의 약자로, 지역사회 청소년 통합 지원체계를 의미합니다. 사업의 목적은 지역사회 내 청소년 관련 자원을 연계하여 학업중단, 가출, 인터넷중독 등 위기청소년에 대한 상담·보호·교육·자립 등 맞춤형 서비스 제공을 통해 가정·사회로의 복귀를 지원한다. CYS-Net은 발견 → 개입 → 통합서비스 제공 순으로 운영한다.

지역 내 모든 청소년을 대상으로 하며, 중·고등학생인 위기청소년에게는 '청소년동반자'를, 가출청소년에게는 '청소년쉼터'를, 인터넷중독인 청소년에게는 '인터넷중독 치유프로그램'을, 학교 밖 청소년에게는 '학교 밖 청소년 지원센터'를 연계해 주며, 위기청소년을 조기 발견하기 위한 아웃리치 프로그램과 위기청소년에 대한 일시보호 및 긴급지원도 실시한다.

▶ **아웃리치(outreach)** : 일반적으로 지역 주민에 대한 공공기관의 적극적인 봉사활동으로 정의하나, 여기서는 청소년 밀집지역으로 직접 찾아가 심리검사 및 상담 서비스를 제공하고, 가출청소년을 조기 발견해 가정복귀를 돕거나 유해환경에 빠져들지 않도록 지역 내 유용한 자원들을 활용하여 그들에게 필요한 서비스를 제공하는 활동을 의미한다.

▶ **CYS-Net의 사업내용**
① 청소년정책의 주관은 여성가족부이다.
② 지역사회 내 청소년 관련 기관 및 시설의 상호연계시스템이다.
③ 연계시스템으로는 1차가 상담지원센터, 2차는 학교, 3차는 학교 주변이나 지역 현장 중심의 지원체계로 청소년에게 필요한 통합적인 서비스를 즉각적으로 편리하게 지속적으로 제공함으로써 책임의식을 가지고 양질의 서비스를 전달하는 것이 목적이다.
④ 위기지원은 1388 청소년지원단, 건빵둥지(일시보호소), 찾아가는 거리상담 등이 있다.
⑤ 지역사회 청소년 안전망이다.
⑥ 학교부적응 등 사유로 장기 결석하거나 자퇴하는 학생이 대상이다.
⑦ 청소년을 위한 건전한 인터넷 문화 조성과 청소년 인터넷 게임중독 예방·치료, 청소년 유해약물 방지 및 학교 주변 유해환경 개선을 위해 공동 협력한다.

8) 청소년동반자(YC) 프로그램★★★

 청소년동반자(YC : Youth Companion)는 청소년상담분야에서 자격과 경험을 갖춘 자로서, 위기청소년을 위해 지역사회 청소년협력자원을 발굴·연계하며, 그들과 지속적인 관계를 형성하고 지원할 수 있는 전문가이다. 중·고위험군 청소년과 상담, 공통의 생활·문화·체육활동 등을 통하여 위기청소년의 자기계발에 필요한 서비스를 지원하고 위기청소년이 정상적으로 사회에 복귀할 수 있도록 지원한다.
- I Will 청소년 인터넷중독
- Wee(청소년 학교부적응 상담)
- Say(성교육센터) 등이 있다.

9) 청소년쉼터★★★★★

 청소년쉼터는 가출청소년에 대하여 가정 · 학교 · 사회로 복귀하여 생활할 수 있도록 일정 기간 보호하면서 상담 · 주거 · 학업 · 자립 등을 지원하는 시설이다. 즉, ① 가출청소년에게(대상), ② 일시적으로(보호기간), ③ 생활지원과 보호를 통해(서비스), ④ 가정 · 사회로의 복귀와(단기목표), ⑤ 학업 및 자립을 지원하기 위한(중장기목표), ⑥ 청소년복지시설(청소년시설 유형)이다.

▶ 청소년쉼터의 역할
① 가출청소년의 일시보호 및 숙식제공
② 가출청소년의 상담·선도·수련활동
③ 가출청소년의 학업 및 직업훈련 지원 활동
④ 청소년의 가출예방을 위한 거리상담지원(아웃리치) 활동
⑤ 그 밖에 전 ①항 내지 ④항의 각 활동에 따른 청소년복지 지원에 관한 활동
⑥ 지역사회 청소년통합지원체계(CYS-Net)와의 연계협력 강화
  * 청소년쉼터는 CYS-Net의 필수 연계기관임
⑦ 청소년전화 1388과 청소년상담복지센터와의 연계를 통한 상담 및 보호 서비스 확충

▶ **청소년쉼터의 종류**

일시쉼터(24시간 이내), 단기쉼터(3개월 이내), 중장기쉼터(3년 이내) 등 3개의 보호시설이 있다.

① **일시쉼터**: 24시간 이내 일시보호(최장 7일)시설로 일반청소년, 거리생활 청소년을 대상으로 위기개입상담과 가출청소년을 발견하여 기본적인 서비스를 제공한다. 이동형(차량)과 고정형(청소년유동지역)이 있으며, 가출예방과 가출청소년을 조기발견하여 초기개입하는 것을 지향한다.

② **단기쉼터**: 3개월 이내 단기보호(최장9개월) 시설로 가출청소년을 대상으로 가출청소년 문제해결을 위한 상담·치료서비스 및 예방활동과 의식주 및 의료 등 보호서비스를 제공한다. 주요 도심별 위치로 보호, 가정 및 사회복귀를 지향한다.

③ **중장기쉼터**: 3년 이내 중·장기보호시설로 자립의지가 있는 가출청소년들을 대상으로 가정복귀가 어렵거나 특별히 보호가 필요한 위기청소년을 대상으로 특화된 서비스를 제공한다. 조로 주택가에 위치하고 있으며 자립지원을 지향한다.

구 분	일시쉼터	단기쉼터	중·장기쉼터
기 간	24시간 이내 일시보호 (최장 7일까지 연장 가능)	3개월 이내 단기보호 ※ 3개월씩 2회 연장 가능(최장 9월)	3년 이내 중·장기보호 ※ 자립지원관이 없는 시도의 경우 필요 시 1년 단위 지속 연장 가능
이용 대상	일반 청소년 거리생활 청소년	가출 청소년	자립의지가 있는 가출 청소년
기 능	- 위기개입상담, 진로지도, 적성검사 등 상담서비스 제공 - 가출 청소년 구조·발견, 청소년쉼터와 연결 - 먹거리, 음료수 등 기본적인 서비스 제공	- 가출 청소년 문제해결을 위한 상담·치료서비스 및 예방활동 전개 - 의식주 및 의료 등 보호서비스 제공 - 가정 및 사회복귀를 위한 가출 청소년분류, 연계·의뢰 서비스 제공 등	- 가정복귀가 어렵거나 특별히 보호가 필요한 위기청소년을 대상으로 전환형, 가족형, 자립형, 치료형 등 특화된 서비스 제공
위 치	이동형(차량), 고정형(청소년유동지역)	주요 도심별	주택가
지향점	가출예방, 조기발견, 초기개입	보호, 가정 및 사회복귀	자립지원

10) 학교 밖 청소년 지원센터(꿈드림센터)★★★

학교 밖 청소년 지원센터 사업의 목적은 학교 밖 청소년의 개인적 특성과 수요를 고려한 상담지원, 교육지원, 직업체험 및 취업지원, 자립지원 등 학교 밖 청소년이 건강한 사회구성원으로 성장할 수 있도록 지원하는 것이다.

▶ **센터의 운영 주체(지정기간 3년)**
① 「청소년복지지원법」 제29조의 청소년상담복지센터
② 「청소년 기본법」 제3조 제8호의 청소년단체
③ 학교 밖 청소년을 지원하기 위하여 필요한 전문인력과 시설을 갖춘 기관 또는 단체

▶ **지원대상 : 학교 밖 청소년**
① 초·중학교 입학 후 3개월 이상 결석하거나 취학의무를 유예한 청소년
② 고등학교에서 제적 · 퇴학처분을 받거나 자퇴한 청소년
③ 고등학교에 진학하지 아니한 청소년
* 학교 밖 청소년 발생 예방을 위해 필요한 경우 잠재적 학교 밖 청소년도 지원 가능

▶ **청소년지원센터 '꿈드림'의 주요 프로그램**
① **상담지원** : 심리·진로 상담, 자립 및 학습동기 강화 상담, 가족상담 등
② **교육지원** : 복학, 상급학교·대안학교 진학 지원, 검정고시 지원, 문화· 예술·체육활동 지원
③ **취업지원** : 직업체험, 진로교육, 경제활동 체험, 취업연계 지원 등
④ **자립지원** : 생활지원, 건강·정서 지원, 법률교육, 자격취득, 자기개발 지원
⑤ **건강증진** : 건강검진, 건강생활 실천관리 지원, 체력관리 지원
⑥ **특성화프로그램** : 재능개발, 자원봉사활동, 지역사회 참여활동, 지역화 체험프로그램
⑦ **멘토링프로그램** : 교과서 학습지원, 특기 적성지도, 진로상담, 심리 · 정서 지도

11) 청소년유해환경감시단★★

청소년유해환경감시단은 (청소년 보호법 제5조 및 제8조에 근거하여) 청소년의 선도·보호와 각종 청소년유해환경 정화를 위한 감시·고발 활동을 수행하는 것이 목적입니다. 초·중·고등학교의 교사·학부모, 청소년단체를 포함한 시민단체의 임·직원 및 회원 등 지역사회 내에서 청소년보호에 관심을 가지고 활동 중인 단체를 청소년유해환경감시단으로 정합니다.

감시단의 유형으로는 초·중·고등학교 등 학교감시단과 시민단체 감시단(청소년단체 감시단 포함)이 있습니다.

최근에는 청소년유해환경에 해당하는 신종·변종 업소의 등장 및 확산, 학교폭력, 가출청소년의 비행·탈선과 성매매 유입 등으로부터 청소년을 보호하기 위한 움직임이 활발해지고 있습니다. 이에 따라 청소년유해환경감시단의 활동을 지원해 주고 미흡한 부분을 보완해 줄 전문인력(코디네이터)을 광역단체마다 1명씩 배치하기 시작하였습니다. 전문인력으로는 청소년지도사 또는 청소년상담사를 채용하는 것이 원칙이나, 청소년지도사나 청소년상담사가 없는 경우에는 사회복지사를 채용할 수 있습니다.

12) 청소년 인터넷·스마트폰 중독 예방 및 해소 지원사업

청소년 인터넷·스마트폰 중독 예방 및 해소 지원사업은 청소년들의 인터넷·스마트폰 중독 예방·해소를 위한 단계적·체계적 대응체계를 만들어 청소년들에게 중독 위험단계별 상담과 치료지원 등 맞춤형 서비스를 지원하고, 지역사회 내 청소년 관련 자원을 연계하여 인터넷·스마트폰 중독 청소년에 대한 종합적 서비스를 제공합니다.

서비스는 대상자는 만 19세 미만 청소년으로 상담·치료지원 등 주요 서비스는 전체 청소년을 대상으로 하되, 기준 중위소득 50% 이하 가정, 한부모 가정, 소년소녀가장 등 취약계층은 CYS-Net 실행 위원회 또는 사례판정위원회에서 우선 지원을 결정할 수 있습니다.

13) 학교 밖 청소년 건강검진 사업★

 학교 밖 청소년 지원사업의 하나인 학교 밖 청소년 건강검진 사업의 목적은 학교 밖 청소년들에게 정기적으로 건강검진을 실시하여 학교 밖 청소년을 건강하게 성장할 수 있도록 지원하는 것입니다. 학교 밖 청소년들에 대한 질병의 조기발견과 예방을 위해 생애전환기 연령(10대)의 특성에 적합한 맞춤형 건강검진 서비스를 제공합니다.

 건강검진 대상은 9세 이상 24세 이하 학교 밖 청소년으로 가출청소년 등 건강관리에 취약한 청소년은 발견 당시 건강검진의 우선 실시가 가능합니다. 특히 18세 이하 학교 밖 청소년 중 초4, 중1, 고1 연령에 해당되는 청소년은 생애주기별 건강검진을 합니다. 검진주기는 매 3년마다 실시하며, 전액 국고 부담이기 때문에 본인부담은 없습니다.

14) 청소년복지지원법에 따른 청소년 정책 ★★★★★

① **청소년 우대** :
- 국가에서 운영하는 수송, 문화시설 등 청소년 우대(이용료면제 등)
- 청소년증 발급

② **청소년의 건강보장**: 체력과 건강진단실시

③ **지역사회 청소년통합지원체계 구축 및 운영**:
- 지역사회 내 청소년복지를 위한 운영위원회 수립 및 심의

④ **위기청소년 지원 및 선도**:
- 상담 및 교육
- 위기청소년 특별지원(생활, 학업, 의료, 직업훈련 등)
- 청소년 가출 예방 및 보호 지원
- 이주배경청소년 지원

⑤ **청소년상담복지개발원 운영**:
- 청소년 상담 및 복지와 관련된 정책연구
- 청소년 상담, 복지사업의 개발 및 운영 지원
- 청소년 상담기법의 개발 및 상담자료의 제작 및 보급 등

⑥ **청소년상담복지센터 운영**:
- 지자체장은 청소년에 대한 상담, 긴급구조, 자활, 의료지원 등의 업무를 수행하기 위하여 청소년상담복지센터를 설치운영한다.
- 청소년과 부모에 대한 상담, 복지지원
- 상담 자원봉사자와 청소년지도자에 대한 교육 및 연수
- 청소년 폭력, 학대 등으로 피해를 입은 청소년의 긴급구조 등

⑦ **청소년복지시설 운영**: 청소년 쉼터, 청소년자립지원관, 청소년치료재활센터, 청소년회복지원시설 등

⑧ **아동학대 피해아동 보호**:
- 아동학대아동인 신변보호 및 건강한 성장을 위한 지원 등
- 아동보호전문기관 운영
- 아동복지시설 설치 및 운영
- 가정위탁지원센터 운영 등

⑨ **한부모가족지원**:
- 가족실태조사
- 지원대상자 조사 및 복지급여 신청 및 지원
- 가족지원서비스 제공
- 한부모가족복지시설(모자가족복지시설, 부자가족복지시설, 미혼모가족복지시설, 한부모가족복지상담소 운영

⑩ **청소년 근로기준법**:
- 취직인허증 발급
- 근로계약과 근로시간으로 청소년 근로자 보호

15) 청소년증★★★

청소년증은 만 9~18세 이하의 청소년임을 확인하는 신분증으로 교통수단, 문화시설, 여가시설 등의 이용료를 면제받거나 할인받을 수 있고, 각종 시험, 금융거래 등에서 신분증 활용이 가능하다.

① 특별자치시장·특별자치도지사 또는 시장·군수·구청장(자치구의 구청장)은 9세 이상 18세 이하의 청소년에게 청소년증을 발급할 수 있다.

② 청소년증의 발급에 필요한 사항은 「청소년복지지원법」 제4조에 따라

여성가족부령으로 정한다.
③ 청소년증의 발급을 신청받은 특별자치도지사 또는 시장·군수·구청장은 신청인 또는 대리인을 확인하고, 청소년증 발급대장에 해당 사항을 기록한 후 청소년증을 발급하여야 한다.

16) 특별지원사업의 특별지원청소년 ★★★

특별지원사업은 위기상황에 노출되어 사회경제적으로 지원이 필요한 청소년 중 다른 법이나 제도에 의해 지원받지 못하는 청소년에 대하여 1~2년간 기초적인 생계비, 의료비, 학업 및 자립을 지원하는 사업이다.
• **선정기준** - 만9세 이상 ~ 만 18세 이하 청소년으로 보호자가 없거나, 보호자가 있어도 실질적으로 보호받지 못하는 청소년, 학교학업중단자, 청소년이 속한 가구 소득인정액이 최저생계비의 100분의 180미만. 저소득가구라는 이유만으로 신청할 수 없고, 반드시 해당 청소년의 위기상황이 존재하여야만 신청 가능함 특별지원 사업대상 청소년의 보호자는 실제 생계나 거주를 같이하고 있는 부모로 한정된다.

4. 청소년에 관련 지식과 그 응용

1) 창의적 체험활동

창의적 체험활동은 교과서 상호 보완적 관계 속에서 앎을 적극적으로 실천하고 심신을 조화롭게 발달시키기 위하여 실시하는 교과 이외의 행동을 말한다.
창의적 체험활동 교육과정은 자율활동, 동아리활동, 봉사활동, 진로활동의 4개 영역으로 구성되며 민주시민으로서 기본적인 자질 함양을 목표로 하고 있다.

▶ 창의적 체험활동의 목적
① 특색있는 활동에 자율적으로 참여하여 일상의 문제를 합리적이고 창의적으로 해결할 수 있는 능력을 기른다.
② 동아리에 자발적으로 참여하여 소질과 적성을 계발하고 일상의 삶을 풍요롭게 가꾸어 나갈 수 있는 심미적 감성을 기른다.
③ 나눔과 배려를 실천하고 환경을 보존하는 생활습관을 형성하여 더불어 사는 삶의 가치를 체득한다.

2) Wee 사업

① Wee는 학교, 교육청, 지역사회가 연계하여 학생들의 건강하고 즐거운 학교생활을 지원하는 다중의 통합지원 서비스망입니다.
② 학습부진 및 학교부적응 학생뿐만이 아닌 일반 학생들도 Wee를 통해 행복한 학교생활을 할 수 있도록 학교에는 Wee클래스, 지역교육청에는 Wee센터, 시·도 교육청에는 Wee스쿨을 운영하고 있습니다.
③ 위기학생을 돕는 전문적인 상담기관인 Wee는 도움이 필요한 학생에게 진단, 상담, 치유의 일대일 원스톱서비스를 제공하고 있습니다.

3) 학업중단숙려제

 학업중단숙려제도란 자퇴 의사가 있는 학생이 학교에 자퇴 원서를 제출한 날부터 15일 내외 숙려기간을 거치게 하여 학업중단으로 발생할 수 있는 여러 가지 문제에 대하여 학생 및 학부모가 생각할 기회를 줌으로써 경솔한 학업중단을 예방하기 위한 제도이다.
 이 기간에 자퇴를 희망하는 학생은 교육청 내에 Wee센터 혹은 지역사회의 청소년상담지원센터(Cys-net)에서 일정 시간 이상의 상담을 받고, 상담 실적을 자퇴원서에 첨부해야 한다.
① 학업중단 위기학생에게 일정한 시간 동안 전문상담기관의 상담 등을 통하여 학업중단으로 발생할 수 있는 다양한 문제를 생각하게 하여 성급한 학업중단 예방
② 학업중단 위기학생에 대한 학교·교육청·지역사회가 연계한 체계적인 서비스를 제공하여 학교적응력 향상으로 인적자원 유실 최소화

4) 방과후학교

 방과후학교는 각급 학교에서 운영하는 정규교육과정 이외의 수업으로, 정규수업을 보완하는 다양한 교육경험을 수요(학생, 학부모) 중심으로 제공합니다. 이 활동은 학교운영위원회의 심의를 거쳐 정규수업 외의 시간에 교과, 특기, 적성교육의 교육기능과 보육기능을 동시에 제공합니다.

5) 지역아동센터

 지역아동센터는 아동복지법 제52조에 따른 아동복지이용시설로서, 18세 미만의 방과후돌봄이 필요한 지역사회 아동에게 보호·교육, 건전한 놀이와 오락의 제공, 보호자와 지역사회의 연계 등 종합적인 복지서비스를 제공함으로써 건전한 성장을 지원하는 시설이다.

6) 청소년문화의 종류

(1) 또래문화
① 또래집단끼리 느끼는 감정, 행동, 습관, 규칙, 흥미 등 또래집단 구성원들의 모든 생활양식을 말한다.
② 청소년들은 또래문화를 통해서 서로를 이해하고, 갈등을 해결해 나가는 방법 등을 배우게 된다.
③ 또래문화는 올바른 사회화와 자아정체감의 형성에 커다란 영향을 미친다. 따라서 하나의 또래문화로 거듭나기 위해서는 구성원들 간의 적어도 하나 이상의 공유되는 특성이 있어야 한다.

(2) 팬덤문화
① 특정한 인물이나 분야를 열성적으로 좋아하는 사람들 또는 그러한 문화현상을 말한다.
② 사전적 의미는 '(스포츠, 영화 등의) 팬 전체'로 연예계나 스포츠계의 팬 집단을 일컫는 말이다.
③ 흔한 말로 '오빠(누나)부대'로 불리기도 하고, 좀 더 세련된 표현으로 '워너비' 혹은 '그루피'가 있다.
④ 국내에 본격적인 팬덤문화가 형성되기 시작된 것은 1980년대 조용필의 대규모 '오빠부대'가 만들어지면서부터다.
⑤ 팬클럽들이 '음악소비자 운동'에 자각하고 행동으로 나선 것은 서태지 팬클럽의 음반 사전심의제 폐지운동을 시발점으로 볼 수 있다. 노래 '시대유감'이 사전심의로 가사가 완전삭제되는 데 강력히 반발, 결국 그 제도의 폐지를 이끌었다.

(3) 성문화
① 인터넷이나 기타 케이블방송, 영화 등의 미디어를 통해 성의 대한 개방이 빠르게 확산되고 정당화되는 시기에 무방비로 노출되어있는 청소년들은 자신들의 성적 감정에 무력해질 수밖에 없는 현재에 살고 있다.
② 일부 부모님은 '내 자식은 그런 걱정 안 해도 된다'라고 믿는 경우도 있지만, 부모님들의 인식의 차이는 있을지 몰라도, 적어도 통계로 본

대한민국의 청소년들의 성인식은 급속도로 개방화되고 있다.
③ 청소년들의 성 인식 변화는 건강의 측면에서 본다면 여러 가지 문제점을 가지고 있다.
④ 안전한 성관계에 대한 교육도 부족하고, 또 이에 대해 알고 있어도 실천에 옮기지 못하는 여러 여건들 때문에 원하지 않는 임신이나 성병에 노출되기도 한다.

(4) 게임문화
① 게임문화는 청소년의 고유한 문화적 특성을 언급하기 위해 가장 많이 언급되는 문화현상 중의 하나이다.
② 게임문화에 대한 이론적·정책적 관심은 게임의 내재적 특성에서 기인하는 문화적 논리에 대한 주목으로부터 출발하지 않고, 게임산업의 낙관론으로 일관해 왔거나 청소년에 국한도니 관심으로부터 출발한다.
③ 게임산업에 대한 낙관론에 치우친 나머지 게임으로 인한 청소년의 피해상황은 등한시했던 것이 사실이다.
④ 자본주의 논리로서 게임산업이 성장산업인 것은 맞지만 폭력성과 잔인성, 음란성이 뒤죽박죽 섞인 자극성 높은 게임을 청소년들에게 무방비로 노출시킨 것은 문제가 있다.
⑤ 게임문화에 대한 대책을 생각해 보자면 잔인성, 음란성을 배제한 청소년에 적합한 게임개발과 학습성을 가미한 게임을 만들어야 한다.
⑥ 게임의 사용연령을 표기하고 일정한 시간이 지나면 자동으로 꺼지는 등의 프로그램을 심어 자연스럽게 멈출 수 있는 방안도 연구해야 한다.

(5) 언어문화
① 청소년들의 대화는 욕설과 각종 은어로 이루어져 기성세대들은 그 뜻을 가늠하기조차 어렵게 되었다.
② 인터넷, 핸드폰 등 디지털 문화가 확산되면서 그 영향력이 점점 커지고 있는데 인터넷 채팅문화와 휴대전화 문자로 인한 언어의 경제적 효용성과 세대의 독자성인 문화적 유희성이 늘어났기 때문이다.
③ 색다른 은어들을 기성세대들조차 자연스럽게 습득하여 쓰고 있는데 이것은 세대가 변화함에 따른 역류현상이라고 볼 수 있다.

④ 은어나 비속어들을 모두 제자리로 돌려놓기란 거의 불가능하지만 말을 순화하고 그 상황과 맥락에 맞게 쓸 수 있게 하는 노력이 중요하다.
⑤ 가장 좋은 교육방법은 시를 읽게 하거나 쓰게 하는 방법이라고 생각한다.

7) 청소년 문제

청소년들의 비행문제뿐만 아니라 가치관 또는 인간적인 삶을 위협하고 있다고 규정하는 문제까지도 포함하고 있다.
① 청소년 문제는 사회문제의 한 부분이다.
② '청소년 시기'에 일어나는 약물중독이나 폭력, 범죄와 같은 일탈행위와 함께 청소년들의 번민과 갈등 등을 모두 포함하는 개념이다.
③ 청소년 문제의 내용은 반사회적 행동(자살, 약물오남용, 인터넷중독 등), 일탈행위, 비행, 부적응행동과 고민거리 등이 모두 포함된다고 할 수 있다.

8) 청소년 문제의 요인

① **개인적(신체적·정신적) 특성**
　㉠ 주로 유전적 소질이나 개인적인 성격특성, 인성적 요인 등이 있다.
　㉡ 자신감보다는 열등감을 가지고 있으며 자기존중감이 낮은 편이다.
　㉢ 감정이나 욕구를 통제하는 능력이 부족하다.
　㉣ 관계형성 능력이 부족한 편이다.
　㉤ 학습능력과 문제해결 능력이 부족하다.

② **사회·환경적 특성**
　㉠ 청소년 문제에 영향을 주는 환경적 요인으로는 가정, 학교, 사회, 또래집단 등이 있다.
　㉡ **가정환경** : 부모의 부재, 사회경제적 지위, 양육태도, 도덕성이 자녀

에게 영향을 미친다.
- ⓒ **학교환경** : 비행문화에 접촉하는 기회를 제공할 수 있으며 친구나 교사와의 부적절한 관계도 청소년 문제를 유발하다.
- ⓔ **또래환경** : 친구관계는 비행의 형성과 유지에 상당한 영향을 미친다.
- ⓜ **사회환경** : 사회 전체의 배금주의적 가치관으로 인해 청소년들의 향락적 소비문화가 형성되기도 하며 유흥업소와 불법 음란물의 범람은 청소년 문제를 부추긴다.

9) 청소년 성매매에 대한 원인과 대처방안

① 원인
- ㉠ 현재 가장 많이 발생하고 있는 청소년 성매매의 형태는 인터넷 채팅, 전화방 등이다.
- ㉡ 청소년 성매매의 형태는 단순히 용돈 벌기가 아니라 직업적으로 생계를 유지하기 위하여 또는 가출하여 생활비를 버는 생업형의 형태도 있다. 학대는 성적·육체적 학대뿐 아니라 양육상의 태만이나 적합한 보호, 감독, 관리하지 않고 방임하는 등 아동에게 신체적·정신적 상처를 줄 수 있다고 예상되는 부모의 행동으로 인하여 직접적 혹은 간접적으로 매매춘에 이르게 하는 중요한 요인일 수 있다.

② 청소년의 매매춘에 영향을 미치는 요인
- ㉠ 가정에서의 학대
- ㉡ 청소년의 성 경험
- ㉢ 가출
- ㉣ 사회적 낙인

③ 대처방안
- ㉠ 가정 화목을 통한 자율규제의 체계조성
- ㉡ 부모의 컴퓨터 지식습득 필요
- ㉢ 전문교사(상담교사)제도 및 성 상담실 개설
- ㉣ 건전한 놀이문화의 정착과 청소년 노동시장 확대

ⓜ 가출 예방

10) 집단따돌림

- 자신을 과시하고픈 욕구와 질투로 친구 따돌리기 시작한다.
▶ 원인.
① 사회적으로 고립되어 있다는 것이다. 친구가 별로 없고 대화를 나누지 않으며, 공동의 관심사나 활동에 참여하지 않는다.
② 행동이 부산하고 주의가 산만하다.
ADHD(주의력결핍과잉행동장애)-친구가 싫어하는 행동 반복
③ 특이한 외모 혹은 행동 특성을 가진 아이의 경우 또래 아이들의 주목을 받게 되고 동시에 놀림의 대상이 된다.
④ 신경질적이거나 공격적인 특성을 갖고 있는 경우가 많다.
⑤ 자기주장이 별로 없고 유머 능력이 결여된 아이다. 이러한 경우 친구들이 장난삼아 한두 번 놀려도 가만히 있거나 복종적으로 반응한다. 따라서 친구들은 이후에도 놀리거나 괴롭히는 행동을 더욱 늘리게 된다.

▶ 대안책.
아이가 왕따를 당하게 되면 부모는 아이의 고통스러운 마음을 이해해주면서 적극적으로 대처하는 것이 중요하다. 사실 가장 좋은 것은 처음부터 왕따를 당하지 않도록 하는 것이다. 자녀들이 왕따 당하는 상황을 예방하기 위해서 부모는 다음과 같은 부분을 기억해야 한다.
① 아이가 어려서부터 또래와의 관계를 스스로 맺고 또 여기에서 생기는 갈등을 자신이 해결하도록 지도해야 한다.
② 자기주장을 적절하게 표현할 수 있게끔 항상 아이의 말에 귀를 기울여야 한다. 매사에 아이에게 일방적으로 지시하면서 말을 들으려고 하지 않는다면, 아이의 자기주장 능력은 발달할 수 없을 것이다. 이런 아이들은 또래 친구들과 어울릴 때도 욕구나 생각을 올바로 표현할 수 없게 된다.
③ 아이가 공격적이거나 충동적인 행동을 보일 때는 단호하게 제지해야

한다. 그냥 어리니까 그럴 수도 있다고 방치해 놓아서 습관적인 행동 특성으로 발전하게 되면, 친구들로부터 공격 대상이 되기 쉽다.
④ 다른 사람의 마음을 읽고 배려할 줄 아는 아이로 길러야 한다. 지나치게 자기중심적이고 이기적인 아이 역시 왕따의 대상이 되기 때문이다.

11) 아동 · 청소년성범죄자 신상공개제도★★

'신상공개 대상자'는 「아동·청소년의 성보호에 관한 법률」 및 「성폭력범죄의 처벌 등에 관한 특례법」에서 정하는 강간, 강제추행, 성매수, 알선영업행위, 음란물 제작 배포 등의 죄를 범하여 법원으로부터 유죄판결과 동시에 공개명령 선고를 받은 자를 말한다.
① 공개되는 등록정보는 성명, 나이, 주소, 및 실제 거주지, 키와 몸무게, 사진, 등록대상 성범죄 요지, 성폭력범죄 전과사실, 전자(발찌)장치 부착 여부 등이 있다.
② 보호할 가족이 있거나 동네에 거주하는 성범죄자에 대한 주의 의무를 다하기 위해 열람하고자 하는 사람은 누구나 실명인증을 통해 공개내역을 확인할 수 있다.
③ 성폭력자는 재범의 위험성이 높고, 어린아이나 힘이 없는 부녀자들을 대상으로 피해를 주기 때문에 사전에 신상공개를 통하여 피해를 예방할 수 있어 좋은 제도라고 생각한다.
④ 신상공개 대상자는
  • 아동 청소년 대상 성폭력범(강간, 강제추행 등)
  • 청소년 대상 성매수범
  • 청소년 대상 성매수알선자
  • 아동포르노 제작 수입 수출자
  • 아동청소년 인신매매법 등으로서 형이 확정된 자

12) 청소년활동 프로그램 개발과정★★★

프로그램 기획 → 프로그램 설계 → 프로그램 마케팅 → 프로그램 실행 → 프로그램 평가

① **프로그램 기획** : 미래지향적인 활동으로 프로그램과 관련된 상황을 분석하고, 프로그램 개발의 기본방향 설정
② **프로그램의 요구분석** : 요구분석의 목적은 어떠한 프로그램을 개발할 것인가를 결정하기 위함이며, 또한 그 속에 어떠한 내용이 포함되어야 하는가를 결정하기 위한 것임
③ **프로그램 설계** : 프로그램 개발의 기본 방향에 맞는 목표설정, 내용조직, 교육방법, 평가방법 개발
④ **프로그램 마케팅** : 프로그램에 잠재적 고객(학습자)의 참여를 유도하고 촉진하기 위해 취해지는 조치를 말함
• 마케팅의 4요소 - 프로그램 참가비용, 내용, 개최장소, 프로그램 홍보
⑤ **프로그램 실행** : 완성된 프로그램을 실제 적용하고 전개하는 단계
• 장소배치가 적합한지 여부, 기록준비 여부, 필요한 기자재 여부, 참가자 통지 여부 등을 점검
⑥ **프로그램 평가** : 프로그램이 설정된 목표에 어느 정도 달성했는지, 교육과정이 계획대로 진행되었는지, 그리고 학습자들의 학습과 성장에 어떤 영향을 주었는가를 확인하는 과정
• 평가기준 - 유용성, 정확성, 정당성, 실행 가능성
• 평가유형 - 진단평가, 형성평가, 총괄평가, 수행평가, 투입평가 등

5. 청소년 연구이론

1) 피아제의 인지발달이론

피아제(Piaget)는 인간의 인지발달은 네 가지 단계를 거쳐 발달한다는 인지발달이론을 제시하였습니다. 인지발달이란 인간이 살아가면서 주변환경과 끊임없는 상호작용을 통해 현상을 지각하고 평가하며 이해하는, 즉 지적인 능력을 습득하는 과정이다.
- 인지발달 4단계 : 감각운동기(0~2세), 전조작기(2~6세), 구체적 조작기(6~12세), **형식적 조작기(12세 이후)**

(1) 피아제(Piaget)의 형식적 조작사고 이론★★★
① 피아제는 청소년 또는 청년기를 그의 인지발달이론의 마지막 단계인 형식적 조작기로 규정하고 있다.
② 청소년들은 여러 현상에 대해 가설을 설정할 수 있으므로, 구체적이며 실재론적인 아동기 사고의 한계를 벗어나 가능성에 대해 생각할 수 있다. 청소년기가 되면 아동기와는 반대로 먼저 가능한 사태에 대한 이론을 설정하고, 가능한 것에서 경험적으로 실재하는 것으로 사고가 진전된다.
③ 가능한 모든 변인을 탐색할 수 있는 청년기 형식적 조작사고는 여러 명제 간의 논리적 추론을 다루는 명제적 사고를 가능하게 한다.
④ 청년기 가설-연역적 사고의 발달은 추상적이며, 융통성 있는 사고를 가능하게 한다.

(2) 청소년의 사회인지발달
① 사회인지
- 사람과 관련되는 모든 대상의 제반 특성에 관한 사고와 판단을 의미하는 대단히 광범위한 개념이다.
- 사회적 행동이 대인관계에서 나타나는 표면적 특성이라면, 사회인지는 대인관계나 사회적 조직 내에서 사회적 행동을 결정하는 내재적 과정이다.

- 사회인지의 대상에는 자기, 타인 및 사회적 관계가 포함된다.
② 청소년기 자아중심성

개인적 우화	• 자신은 특별하고 독특한 존재이므로, 자신의 감정이나 경험세계는 다른 사람과 근본적으로 다르다고 믿는 청소년기 자아중심성의 형태이다.
상상적 청중	• 청소년기의 과장된 자의식으로 인해 자신이 타인의 집중적인 관심과 주의의 대상이 되고 있다고 믿는 청소년기 자아중심성의 형태이다. • 청소년들은 상상적 청중을 즐겁게 하기 위해 많은 힘을 들이며, 타인이 눈치채지도 못하는 작은 실수로 번민하게 된다. 상상적 청중에 대한 자신의 위신을 손상시킨다고 생각되면, 작은 비난에도 심한 분노를 보인다.

(3) 청소년기의 사회적 사고의 발달
① 청소년의 정치적 사고는 14세를 전후하여 발달적 변화를 보인다. 14세 이전의 청소년 초기 사고는 구체적인 사람이나 사태에 의존하는데 반해, 14세 무렵에 시작되는 청소년 중기 이후의 정치적 사고는 추상적 원리에 근거를 두고 있다.
② 청소년들의 정치적 사고는 연령이 증가함에 따라 이상주의적으로 변해가는 경향이 있다.
③ 사회적 통제에 대한 관점은 청소년기에는 처벌 지향적이지만, 연령이 증가함에 따라 개선과 재활의 중요성을 깨닫게 된다.

(4) 청소년기 사고와 환경적 조건
① 청소년기는 경쟁과 갈등을 포함하는 다양한 역할 수행이 요구되는 시기이다.
② 이질적인 구성원으로 형성되는 또래집단에 참여함으로써, 청소년기의 형식적 조작사고 발달을 촉진시킬 수 있다.
③ 고등학교의 교과과정도 청소년의 인지적 발달에 중요한 역할을 한다.
④ 이상과 같은 청소년기의 인지발달은 다른 영역에도 그대로 영향을 준다는 사실에 유의할 필요가 있다.

2) 에릭슨의 심리사회적 발달이론★★

에릭슨(Erikson)은 인성의 발달을 생물학적 차원, 사회적 차원, 개인적 차원 등 3가지 차원들 간의 부단한 상호작용의 결과로 본다.

에릭슨은 인간의 발달단계를 8단계로 구분하고, 각 발달단계마다 해결해야 할 중요한 발달과업과 위기가 있는데, 이러한 과업과 위기를 성공적으로 달성할 때 개인이 건강하게 발달할 수 있다고 주장하였다(이준재 외,1988)
인간발달과 관련하여 최대의 관심을 기울여야 할 것은 자아라고 보았으며, 프로이트(Freud)와는 대조적으로 자아를 자율적인 성격구조로 보았다.

- 인간발달 8단계 : 신뢰 대 불신(생후 1년까지), 자율성 대 수치심과 의심(2세경), 주도성 대 죄책감(3~5세경), 근면성 대 열등감(초등 학령기), 정체성 대 혼돈(청소년기), 친밀감 대 고립감(20~40세), 생산성 대 침체성(중년기), 자아통합 대 절망(노년기) 단계

시 기	심리사회적 위기	프로이트 발달단계
유아기 (출생~1년 또는 18개월)	신뢰감 대 불신감	구강기
초기아동기 (1년 또는 18개월~3세)	자율성 대 수치심·회의	항문기
학령전기 또는 유희기 (3~5세)	주도성 대 죄의식	남근기
학령기(5~12세)	근면성 대 열등감	잠복기
청소년기(12~20세)	**자아정체감 대 정체감 혼란**	생식기
성인 초기(20~24세)	친밀감 대 고립감	
성인기(24~65세)	생산성 대 침체	-
노년기(65세 이후)	자아통합 대 절망	

에릭슨(Erikson)은 청소년기를 자아정체감을 형성하는 결정적인 시기로 본다. 청소년기에 경험하는 관계들에 의해서 자아정체감을 형성하게 되며, 만약 청소년기에 자아정체감 위기를 성공적으로 극복하지 못한다면 부적절한 자아를 갖게 되어 일탈이나 비행과 같은 부적응적 행동을 보일 수 있으며, 건강한 성인으로서의 성장도 어렵다고 본다.

▶ **자아정체감(Ego Identity)**
① 자신의 독특성에 대한 비교적 안정된 느낌을 갖는 것으로서, 행동이나 사고 혹은 정서의 변화에도 불구하고 변화하지 않는 부분이 무엇이며, 자신이 누구인가를 아는 것이다.

② 이러한 개인의 자아정체감은 각 개인이 인간이라고 느끼는 인간성 차원, 남성 혹은 여성이라고 느끼는 성별차원, 각 개인이 독특하고 특별하다고 느끼는 개별성 차원, 그리고 시간경과에도 불구하고 동일한 사람이라고 느끼는 계속성 차원의 4차원으로 구성되어 있다.

3) 프로이트의 정신분석이론★★

프로이트(Freud)는 인간의 성격구조가 원초아(id), 자아(ego), 초자아(superego)로 구성되어 있으며, 이 3가지 요소가 서로 상호작용을 한다고 보았다.
- **원초아** ; 본능적 욕구, 즉 쾌락(즐거움)을 추구하는 역할을,
- **초자아** : 양심이나 도덕적 규제를 담당하여 원초아의 과도한 욕구충족을 억제하는 역할을 한다.
- **자아** : 원초아가 현실이라는 벽에 부딪힐 때 나타나는데, 현실적 문제를 해결하기 위해 원초아, 초자아 그리고 현실 간의 갈등을 중재하여 어떤 본능을 만족시킬지 합리적 결정을 내리는 역할을 담당한다. 프로이트는 이 자아만이 의식세계에 존재한다고 했다.

불안은 원초아와 초자아 간의 갈등이 자아의 통제를 넘어설 때 발생하게 되는데, 동기를 유발하게 하는 긴장 상태로, 생체 안전을 위협하는 모든 상황에 대해 반응을 한다. 불안은 자아가 위험을 감지할 수 있게 하고, 자아 불안을 적절하게 조절할 수 없을 때는 고통스럽기 때문에, 그것을 방어하는 기술을 발달시키게 되는데 이것을 방어기제라고 정의하였다. 방어기제는 개인의 발달수준과 불안의 정도에 따라 다르게 나타난다.

방어기제는 원초아(id) 속에 포함되어 있는 사회적으로 용납될 수 없는 욕구나 충동 등의 사실적 표현과 이에 맞선 초자아의 압력 때문에 발생하는 불안으로부터 자아를 보호하기 위한 전략이다.
방어기제에는 억압, 합리화, 반동형성, 투사, 퇴행, 전치, 보상, 억제, 대치, 승화, 저항, 동일시, 부인 등이 있다.

- **성격발달 5단계** : 구강기(0~1세), 항문기(1~3세), 남근기(3~6세), 잠복기(6~12세), 생식기(12세 이후)
- **오이디푸스 콤플렉스** : 남자아이가 어머니를 성적으로 사랑하게 되면서 경험하는 딜레마이다. 이때의 남자아이는 아버지를 경쟁자로 생각하고 적대적인 감정을 가지며, 아버지와의 관계 때문에 아이는 점차 거세불안을 느끼게 된다. 적절한 방어기제를 사용하면 이 콤플렉스를 성공적으로 해결할 수 있다.
- **엘렉트라 콤플렉스** : 여자아이가 아버지와 성적으로 사랑에 빠지고, 그 때문에 어머니에게 적개심을 품는 것을 말한다. 이 때 여자아이도 거세불안을 느끼는데, 이는 남근이 없다는 인식에서 거세되었다고 믿고 그것 때문에 어머니를 비난한다. 그리고 남자아이는 열등하다고 생각하는데, 이를 남근선망이라고 한다.

4) 마르샤의 정체감 지위 이론★★★

마르샤(Marcia)는 개인들의 정체감 형성 수준을 진단하기 위해 두 가지 기준을 정하였다. 하나는 정체성 위기의 경험 유무(즉, 정체감을 갖기 위해 노력하는가?)이고, 다른 하나는 과업에 대한 전념 유무(즉, 무엇인가에 전념하고 있는가?)이다. 이 두 기준의 유무에 따라 정체성을 정체감 혼미, 정체감 상실, 정체감 유예, 정체감 성취의 네 가지 유형으로 분류하였다.

▶ **마르샤(Marcia)의 자아정체감 수준 분류**
① **정체감 혼미** : 위기X, 전념X
 → 스스로 의문을 가져본 적도 없고, 어떤 일을 왜 하는지에 대해서도 관심이 없는 상태
② **정체감 상실** : 위기X, 전념O
 → 스스로 생각하거나 의문을 갖지 않고, 타인의 가치를 받아들이는 상태
③ **정체감 유예** : 위기O, 전념X
 → 정체감에 대한 의문을 가지고 정체감을 가지려고 노력하지만, 확신이 없어 자신의 역할이나 과업에 몰두하지 못하고 있는 상태

④ **정체감 성취** : 위기O, 전념O
→ 삶의 목표, 가치, 인간관계 등에서 위기를 경험하고, 이를 극복하기 위한 노력을 통해 자아정체감을 확립한 상태로, 현실적이고 안정감이 있으며 자아존중감이 높은 상태

5) 반두라 사회학습이론

반두라의 관찰학습은 관찰자가 타인의 행동을 관찰하고, 그것을 인지적으로 처리하여 자신의 행동을 결정하는 과정을 포함한다. 그러므로 관찰학습과정은 관찰대상이 되는 모델의 행동과 관찰자의 인지적 의사결정과정의 2가지 요인으로 구성된다.
① 관찰학습과정
   주의집중과정 보존과정(파지과정, 기억과정) 운동재생과정 동기화과정 (자기강화의 과정)
② 학습이란 인간이 닮고 싶어하고 모방하고 싶어하는 어떤 모델을 관찰하여 모방함으로써 학습이 이루어진다는 이론으로 관찰학습이라고 한다.
③ 관찰학습에는 주의집중, 파지, 운동재생, 동기화의 네 가지 과정이 필요하다고 하며, 이 중 한 과정이라도 **빠지면** 사회학습이론의 모형은 불완전한 것이 되며, 성공적 모방이 이루어지지 않는다고 함.
   • 주의집중 - 모델행동에 집중하여 정확하게 지각
   • 파지 - 관찰된 모델의 행동을 기억
   • 운동재생 - 기억된 정보를 구체적 행동으로 전환
   • 동기화 - 강화 주어지면 동기부여되어 행동수행 촉진

Chapter 3. 실제면접문제 복원

1. 청소년지도사로서의 가치관 및 정신자세

- 청소년지도사로서의 철학이 있다면 말씀해 보세요.
- 청소년지도사의 갖추어야 할 자격을 모두 설명하시오.
- 청소년지도사가 갖추어야 할 자질은 무엇입니까?
- 청소년지도사의 역할과 의무, 사회적 책임에 대해 설명해보시오.
- 청소년지도사가 된 후 가장 자신 있게 할 수 있는 것이 있다면?
- 앞으로 청소년지도사가 된다면 어떻게 청소년들을 지도할 것인가?
- 현재 직업을 갖고 있는데 왜 청소년지도사가 되려고 하는가?
- 나이가 많은데 청소년지도사를 지원하게 된 동기는?
- 본인의 청소년기를 명사로 두 단어씩 말해보시오.
- 청소년지도사 자격증을 취득하게 되면 제일 먼저 어떻게 사용할 것인가?
- 내가 만약 사회적기업을 창출한다면 청소년들을 위해 어떤 기업을 창출할 것인가?
- 청소년지도사 자격증을 취득하기 전과 취득 후 어떻게 달라질 것이라고 생각하는가?
- 청소년지도사가 된다면 어떤 유형의 지도사가 되겠는가?
- 청소년지도사가 된다면 어떤 각오로 일할 것인가?
- 자신의 특기를 살려서 청소년을 지도한다면 어떻게 지도할 것인가?
- 청소년과 만날 때 자신의 강점은 무엇인가?
- 청소년지도사로 내게 부족한 점은 무엇이며 그 점을 어떻게 보충할 것인가?
- 청소년지도사가 되기 위해 어떠한 전문적인 준비를 하고 있는지 말해보시오.
- 지금 청소년을 만나서 가장 먼저 해주고 싶은 말이 무엇인가?
- 학교교사와 청소년지도사를 비교했을 때 청소년지도사가 부족한 점은 무엇인가?
- 청소년지도에 사랑과 기술 중 더 중요하다고 생각되는 것은 무엇인가?

2. 청소년관련 정책 및 법령

- 청소년 정책에 대해 아는 대로 설명하시오.
  - 그리고 그에 대한 자신의 생각을 말하시오. 장·단점을 말하시오.
- 청소년 정책 중 가장 잘 운영되고 있다고 생각하는 정책은 무엇인가?
- 청소년 정책부서가 어떻게 바뀌었는지 말해보시오.
- '제6차 청소년육성계획'에 대해 말해보시오.
- 가출청소년들을 위한 기관에는 무엇이 있는가?
- 여성가족부 장관이 된다면 청소년에 대한 정책 중 어떤 정책을 하고 싶은가?
- 청소년 관련 사업에 대해 아는 대로 말해보시오.
- 청소년 기관 중 국가기관은 어떤 것이 있는지 설명해 보시오.
- 청소년의 참여를 보장하기 위한 국가의 정책을 아는 대로 말해보시오.
- 청소년 쉼터에서 어떤 일을 하는지 설명하시오.
- 청소년 기관과 개선해야 할 점을 설명하시오.
- 청소년 정책을 연구하는 기관에 대해 말해보시오.
- 청소년헌장이란 무엇인지 설명하시오.
- 청소년 관련법에 어떤 것이 있는지 5개만 말하시오.
  - 청소년기본법의 다섯 가지 법 중 청소년보호법에 대해 시행하는 규정들을 아는 대로 말해보시오.
- 청소년 아르바이트는 어느 법에 의해서 관리되는지 말해보시오.
- 청소년복지지원법에 따른 정책 3가지에 대해 말해보시오.
- 청소년지도사 자격증은 무슨 법에 속하는지 말해보시오.
- 평생교육 관련 법률 5가지에 대해 말해보시오.
- 청소년증에 대해서 설명하고 청소년증은 무슨 법에 속하는지 말하시오.
  - 청소년증 발급년도와 발급대상에 대해서 말하시오.
- 청소년활동진흥법에서 정의된 청소년활동의 정의는 무엇인가?
- 청소년활동 법령에 대해서 설명해보시오.
- 청소년 관련법 중에서 폐지된 법은 무엇인가?
- 청소년보호법에 대해 설명하시오.
  - 청소년보호법 중에서 문제점이 있는 법안이 있는가? 있다면 개선방안은 무엇인가?

- 청소년활동진흥법에 대한 포괄적 내용과 활동 사례를 설명하시오.
- 성매매관련법에 대해 설명하고 관계부서에 대해 설명하시오.
- 평생교육원은 어디 소속인가?

3. 청소년활동과 수련

- 청소년수련시설의 종류에 대해 설명하시오.
- 청소년특화시설에 해당하는 8가지를 설명하시오.
- 청소년수련관은 무엇을 하는 곳인가?
- 청소년수련활동 시설과 차이점들을 말해보세요.
    - 청소년수련원과 수련관의 차이에 대해 설명해보시오.
    - 자연권 시설과 생활권 시설을 비교하여 설명하시오.
- 청소년수련시설에 어떤 것이 있는지 설명하시오.
    - 총 몇 개의 수련관이 있는가?
- 청소년수련관의 청소년지도사 배치기준에 대해 설명하시오.
- 수련관의 문화활동에는 어떤 종류가 있는지 설명하시오.
- 청소년수련관과 수련원의 차이점을 설명하시오.
- 생활권 수련관에서 할 수 있는 것은 무엇이 있는가?
- 청소년수련시설의 문제점은 무엇인가?
- 지역마다 수련관이 많은데 천안에 국립청소년수련원을 지은 이유는 무엇인가?
- 청소년수련시설과 수련거리가 부족한데 청소년지도사가 된다면 어떻게 접근할 것인가?
- 청소년수련활동과 수련활동 시 필요한 구성요소에 대해 설명하시오.
- 청소년수련원과 수련관의 특징에 대해 말해보시오.
- 청소년수련시설 운영자라면 어떻게 운영할 것인지 말해보시오.
- 청소년수련활동인증제에 대해 말해보시오
    - 실시 배경을 설명하시오, 인증처에 대해 말해보시오.
- 우리나라 국립수련시설은 어디에 있는지 말해보시오.
- 청소년수련시설 중에서 특화시설에 대해 설명하시오.

4. 청소년 관련 지식

- 요즘 청소년들이 즐기는 음악에 대한 생각은?
- 청소년 은어에 관한 문제점은 무엇이라 생각하는가?
- 스타 추종에 대해 어떻게 생각하는가?
- 청소년문화의 긍정적인 측면, 부정적인 측면은 무엇인가?
- 청소년 유흥업소 불법 취업이 근절되지 않는 이유는 무엇이라고 생각하는가?
- 학생과 청소년의 차이점은 무엇인가?
- 청소년지도사와 교사·사회복지사·평생교육사·청소년상담사·학원교사는 어떻게 다른가?
- 촉법소년과 우범소년의 차이점은 무엇인가?
- 각성제의 종류를 설명하시오.
- OL이란 무엇이고 그 준비물은 무엇인가?
- 멘토링은 어떤 것이고 장점과 단점은 무엇인가?
- 청소년 자기중심성에 대해 말해보시오.
- 청소년 통제금지구역에 대해 말해보시오.
- 우리나라 청소년인구와 퍼센테이지를 말해보시오.
- 청소년복지의 종류를 말해보시오.
- 청소년 방과후아카데미란 무엇인가?
  - 방과후아카데미의 종류, 장소, 운영부처에 대해 설명하시오.
  - 방과후아카데미와 방과후학교에 대해 하시오.
- CROSS SWOT가 무엇인가?
- 청소년 제도에 대해서 아는 대로 말해보시오.
- 청소년기의 특징은 무엇인가?
- 우리지역에 청소년들에게 필요한 것은 무엇인가?
- 청소년에게 중요한 것은 무엇인가?
- 청소년헌장의 내용에 대해서 말해보시오.
- 에딘버러 포상과 청소년수련인증제의 차이점에 대해 설명해보시오.
- 청소년 유해환경은 학교로부터 어느 정도 떨어져 있어야 하는가?
- 청소년활동 활성화를 위한 프로그램을 아는 대로 말해보시오.
- 헬프콜 전화번호는 무엇인가?

- 청소년 5개년 계획은 무엇인가?
- 또래문화에 대해서 설명하시오.
- 청소년성취포상제에 대해 설명하시오.
- 사이버 불링은 무엇인가?
- 청소년 인터넷중독을 방지하기 위한 정책은 무엇이 있는가?
- 두드림이 무엇인가?
- CYS-Net에 대해서 설명하고 YP와 YC를 설명하시오.
- 우리나라 청소년 아르바이트 최저시급은 얼마인가?
- 도가니법에 대하여 설명하시오.
- 학업중단숙려제도에 대해 설명하시오.
- 청소년프로그램을 개발할 때 고려할 점과 청소년프로그램을 진행하는 방법에 대해 설명하시오.
  - 청소년프로그램 개발과정을 설명하시오,
  - 자신이 개발하고 싶은 청소년프로그램을 말해보시오.
- 청소년기본법에서 청소년의 나이와, 청소년보호법에서의 나이 기준을 말해보시오.
- 청소년상담복지센터에서 하는 일을 말해보시오.
- 청소년육성기금 마련 방법과 용도를 말해보시오.
- 청소년관련 부처는 어디인가?
- 방과후 청소년들이 참여할 수 있는 프로그램을 아는 대로 설명하시오.
- 청소년어울림마당을 설명하고 개선점을 제시하시오.
- 청소년동반자 프로그램, 청소년 스스로지킴이에 대해 설명하시오.
- 영화등급을 결정하는 기준에 대해 설명하시오.
- 국제청소년성취포상제에 대해 설명하시오.
- 창의적인 체험학습의 종류 4가지는 무엇인가?
- 청소년보호법과 아동·청소년 성 보호법의 차이는 무엇인가?
- 청소년 참여기구 3가지는 무엇인가?
- 청소년 참여위원회와 운영위원회의 차이점은 무엇인가?
- Wee 센터(Wee Center)에 대해 설명하시오.
- 청소년 인성교육 프로그램에 대해 설명하시오.
- 청소년지도사 자격증 과목을 모두 말해보시오.
- 또래상담의 이점에 대해 설명하시오.

- 최저임금제는 무엇이며, 청소년 최저임금제가 필요한 이유는 무엇인가?
- 아웃리치에 대해 설명하시오.
- 역기능가족에 대해 설명하시오.
- 팬덤문화에 대해 설명하시오.

5. 청소년 문제행동

- 길거리에서 위기 청소년 만나면 어떻게 할 것인가?
- 길을 가다가 불경한 행동을 하는 청소년을 훈계하였는데, 그 청소년이 대들 경우 어떻게 할 것인가?
- 교사와 부모님께 반항하는 청소년들이 증가하는 이유와 대처방안은 무엇인가?
- 청소년들의 스마트폰 사용 문제점과 개선 방향은 무엇인가? 누가 개선해야 하는가?
- 청소년 인터넷중독의 대처방안은 무엇인가?
- 집이 부유하고 큰 문제가 없어 보이는 청소년이 문제를 일으켰다. 이 청소년에 대해 정신분석학적 이론에서 접근해보시오.
- 청소년상담자가 내방 하였을 경우 어떤 방식으로 상담을 이끌어 갈 것인가?
- 청소년이 무기력에 빠져 있고 집단생활에서도 적응을 못할 때 지도사로서 어떻게 할 것인가?
- 급변하는 사회에서 청소년들을 어떻게 지도할 것인가?
- 인터넷중독 또는 약물중독의 학생들을 어떻게 도와줄 수 있는가?
    - 인터넷중독의 예방법에 대해 설명해보시오
    - 인터넷중독에 대한 대책을 말해보시오
    - 청소년 인터넷중독에 대해 상식적인 것 말고 창의적 대처방안에 대해 말해보시오.
- 가출청소년을 만나게 된다면 어떻게 할 것인가?
- 성폭행을 당한 청소년을 법률적으로 해결할 때, 가장 먼저 해야 할 일은 무엇인가?
- 학생 20명 정도를 데리고 등산을 갔는데 한 학생이 호흡곤란이 왔다면

지도자로서 어떻게 문제를 해결하겠는가?
- 소외청소년이 누구라고 생각하는지 말해보고, 그 대상을 위해 어떤 교육과 프로그램을 제공할 것인지 말해보시오.
- 자살하려는 청소년을 감지했을 때, 어떻게 지도할 것인지 말해보시오.
- 학교폭력 피해학생의 특징에 대해 설명하고, 집단괴롭힘(왕따)을 당한 학생을 어떻게 지도할 것인가?
- 청소년들의 과소비에 대한 교육적인 대책과 이에 대해 어떠한 교육프로그램을 제시할 것인지 말해보시오.
- 청소년자원봉사와 관련하여 지인의 자녀가 실제로 봉사활동을 하지 않고 확인서를 받으려고 한다면 어떻게 할 것인가?
- 가출청소년 10명과 범죄 청소년 10명이 있고 비용이 지원된다면 청소년지도사로서 이들을 어떻게 지도할 것인가?

6. 새로 추가된 정책 및 이슈

- 청소년의 교내 휴대폰 사용에 대해 어떻게 생각하는지 말해보시오.
- 학교에 흡연실을 따로 설치하는 것에 대한 의견을 말해보시오.
- 청소년들의 촛불시위에 대한 의견을 말해보시오.
- 청소년 인권조례(두발 자유화, 청소년체벌 등)에 대한 생각을 말해보시오.
  - 청소년인권조례와 관련된 교권추락과 학생의 권리에 대한 자신의 생각을 말해보시오.
- 소년법의 나이가 하향 조정됨에 따라 나타나는 문제점에 대해 말해보시오.
- 인터넷 실명제에 대한 의견을 말해보시오.
- 청소년 문제 중 가장 심각하다고 생각하는 것과 그 이유에 대해 말해보시오.
- 성폭력자의 신상공개에 대해 자신의 생각을 말해보시오.
- 옛날의 성교육 방식이 실제적인 성교육 방식으로 바뀌어야 한다는 것에 대한 자신의 의견을 말해보시오.
- 범죄자 신상공개가 어디까지 되고 있으며, 신상공개에 대해서 어떻게

생각하는지 말해보시오.
- 고등학교 3학년 학생이 어머니를 죽이고 8개월간 방치했던 이유가 무엇이라고 생각하는지 말해보시오.
- 최근 본 신문기사 중 기억에 남는 것을 말해보시오.
- 인터넷중독에 대해 전반적인 내용을 설명하시오.
- 요즘 사회적 이슈는 무엇이고 문제점은 무엇인지 설명하시오.
- '니트 족'이란 무엇인가?
- '프리터'란 무엇인가?
- 세대차이의 원인 및 문제점과 이를 극복할 수 있는 대안 2가지를 말해보시오.
- 지금 이슈화 되고 있는 청소년 현상에 대해 말하고 거기에 맞는 프로그램을 제시하시오.
- 셧다운(Shut down)제도에 대해 설명하고 자신의 생각을 말해보시오.
- 청소년문화에는 어떤 것이 있는지, 대처방안은 무엇인지 설명하시오.
- 성매매 근절방안에 대해 설명하시오.
- 다문화 청소년의 지도방법에 대해 설명해보시오.
- 학교 앞 스쿨존이 있는 것처럼 인터넷에 가상의 존을 만든다면 어떤 존을 만들고 어떻게 운영할지 설명하시오.

7. 이론

- 발달이론 중 청소년시기에 관계되는 이론을 말해보시오.
- 상상적 청중과 개인적 우화는 무엇인가?
- 집단지도 방법과 기술과 주요 개념을 설명하시오.
- 사회학습이론과 매슬로우 욕구이론을 설명하시오.
- 반두라의 관찰학습을 설명하시오.
- 프로이드와 에릭슨의 발달과정을 설명하시오.
- 콜버그의 도덕발달단계와 콜브의 경험학습과정을 설명하시오.
- 피아제의 인지발달이론을 설명하시오.
- 아노미현상에 대해 설명하시오.
- 에릭슨의 자아정체감에 대해 설명하시오.

8. 2020년 28회 면접 질문내용 요약

1. 청소년지도사가 되기 위해 무슨 노력을 하였는지?
2. 청소년지도사가 되고자 하는 이유(청소년지도사를 지원하게 된 동기)는?
3. 청소년도사로서 갖춰야 할 핵심역량은 무엇이라고 생각하는가?
4. 청소년지도사가 갖춰야 할 전문지식은 무엇이라고 생각하는가?
5. 청소년지도자로서의 자질에 대해 설명하시오.
6. 청소년지도사로서의 리더십은 무엇이라고 생각하는가?
7. 청소년지도사가 된다면 어떤 태도(신념)로 임할 것인가?
8. 청소년지도사가 되면 어떻게 사회에 기여 할 것인가?
9. 청소년 관련 어느 분야에서 일하고 싶고, 선택한 이유는?
10. 청소년지도사가 청소년에게 필요한 이유는 무엇인가?
11. 청소년지도사가 된다면 자신의 강점과 어떻게 연관 지을 수 있는가?
12. 청소년지도자와 청소년지도사의 차이를 법적 근거를 들어 설명하시오.
13. 청소년지도사와 학교교사, 사회복지사의 차이점과 특징을 말해보세요.
14. 청소년지도사가 되었을 때 학교폭력에 대해 어떻게 대처할 것인가?
15. 청소년기본법의 목적에 대해 말해보시오.
16. 청소년헌장이란 무엇인지 설명하시오.
17. 청소년 육성정책의 특성에 대해 설명하시오.
18. '제6차 청소년정책기본계획'에 대해 설명하시오.
19. 청소년기본법에 의하여 청소년활동이란 무엇인가?
20. 청소년활동에 대해 말해보시오.
21. 청소년수련활동신고제를 말해보시오.
22. 청소년수련활동인증제는 무엇이며 기준은 어떻게 되는지 설명하시오.
23. '청소년증'에 대해 설명하세요.
24. '국제청소년성취포상제'에 대해 설명하시오.
25. 한국청소년활동진흥원에 대하여 서술하시오
26. 청소년수련시설의 종류와 각각의 차이점에 대해 말해보시오.
27. 청소년수련시설의 유형 중 2가지를 구체적으로 말해보시오
28. 청소년문화의집과 청소년수련관의 차이점을 말해보시오.
29. 청소년시설의 문제점과 대책은 무엇인지 말해보시오.
30. 청소년참여기구에 대해 아는 대로 말해보시오.

31. 청소년복지시설의 종류와 구체적인 특징을 설명해 보시오.
32. 청소년 쉼터의 종류는 무엇이 있는지 말해보시오.
33. 자립지원관에서는 어떤 일을 하는지 말해보시오.
34. 청소년 방과 후 아카데미란 무엇인지 설명하시오.
35. 학업중단숙려제도에 대해 설명하시오.
36. 청소년어울림마당을 설명하고 개선점을 제시하시오.
37. 청소년기의 발달 특성(청소년기의 변화, 특징)은 무엇인가?
38. 청소년기 상상적 청중과 개인적 우화는 무엇인가?
39. 게임문화에 대해 어떻게 생각하나요?
40. 청소년활동이 왜 필요한지 설명해 보시오.
41. 자유 학기제와 청소년활동을 연결하여 설명하세요.
42. 청소년프로그램 개발과정과 그것에 대해 설명해 보세요.
43. 프로그램개발과 평가에 있어 요구분석에 대해 설명해보세요.
44. 위기청소년을 위한 프로그램이 어떤 것이 있는지 말해보세요.
45. 청소년지도사가 된다면 청소년에게 어떤 프로그램을 제공할 것인가?
46. 다문화 청소년에게 프로그램을 진행할 때 유의할 점은 무엇인가?
47. 청소년의 창의력을 올리기 위한 프로그램에는 어떤 것이 있는가?
48. 청소년의 욕구와 계획한 프로그램이 맞지 않을 때 어떻게 할 것인가?
49. 청소년활동 중에 잠을 자거나 방황하는 청소년이 있다면 어떻게 하실 건가요?
50. 무기력한 청소년의 지도방법(어떻게 대화를 걸어야 하는가)은?
51. 청소년지도사가 되어 가출청소년을 상담하게 된다면 어떻게 할 것인가?
52. 청소년이 다쳤을 때의 대처법에 대해 말해보시오.
53. 최근 청소년에 관한 이슈는 어떤 것이 있고 그 문제에 대해 어떻게 생각하는지 자신의 의견을 말해보시오.
54. 요즘 일어나는 이슈에 대해 말해보시오.
55. 최근 관심 있었던 청소년 문제는 무엇이며, 대책은 무엇인가요?
56. 청소년지도에서 바람직한 경험이 있었다면 어떤 때 이였나요?.
57. 청소년활동 중 본인이 경험한 활동을 설명하고 실제 어떤 프로그램을 만들고 싶은가?
58. 청소년수련시설 이용 시 느낀 점을 말해보세요.
59. 피아제의 발달이론 중 청소년기에 설명하시오.

Chapter 4. 실전 예상문제

■ 공통문제

1. 청소년지도사가 되기 위해 무슨 노력을 하였는가?
   _____
   _____
   _____

2. 청소년지도사가 되고자 하는 동기(이유)를 말해보시오.
   _____
   _____
   _____

3. 청소년지도사는 무슨 일을 하는지 말해보시오.
   _____
   _____
   _____

4. 청소년지도사의 자질은 무엇이라고 생각하는지 말해보시오.
   _____
   _____
   _____

5. 청소년지도사가 된다면 앞으로의 계획이 무엇인지 말해보시오.
   _____
   _____
   _____

Ⅰ. 청소년지도사로서의 가치관 및 정신자세

1. 청소년지도사가 되고자 하는 동기는 무엇인가?
- 꿈 많은 청소년들이 건전하게 성장할 수 있도록 청소년전문가로서 그 역할을 다하고 싶어서 자격증 취득을 희망합니다.

- 오늘날의 청소년들의 고민!
- 학업과 진로에 대한 고민!
- 나의 청소년기에 적용시켜서 지도하는 목표!
- 행복한 청소년, 개성을 발휘하도록 도와주고자 하는 마음.
  (나만의 답을 생각해 보세요~~~)

※ 기타 유사질문.
1. 왜 청지사가 되려고 하십니까?
2. 나이도 많으신데 청지사를 하시는데 괜찮겠어요?
3. 청지사를 공부하시는데 부족한 부분이 있다면 무엇입니까?
4. 본인이 청소년지도사가 되기 위해 어떤 노력을 하셨나요?
5. 청소년지도사가 된다면 청소년을 위해 어떤 부서에서 어느 분야의 일을 하고 싶으신가요. 구체적으로 이야기해 보세요?

2. 청소년지도사가 갖춰야 할 전문적 지식(전문기술)에 대하여 설명해 보세요.
- 지도내용에 대한 전문지식, 인간관계기술, 의사소통기술, 의사결정기술, 조정 및 통합의 기술, 실무기술 등의 전문지식이 필요합니다.
  또한, 청소년과 청소년 환경을 이해하는데 필요한 청소년 심리, 문화, 환경, 복지 등 전문적인 지식이 중요합니다.
① **조정과 통합의 기술**: 청소년, 부모, 청소년지도기관, 청소년지도자들의 요구와 의견을 조정 및 통합기술.
② **인간관계 기술**: 원만한 인간관계 형성, 협동, 의사소통 등을 위한 기술.
③ **실무적 기술**: 수련활동 지도기술, 프로그램개발기술, 운영관리기술, 사업 및 행사기획기술, 홍보마케팅기술.

3. 청소년지도사가 갖추어야 할 덕목은 무엇이라고 생각하는가?
- 청소년에 대한 공감대 형성과 애정을 가지고 **인간관계 능력, 의사소통 능력, 자기결정 능력, 상호작용 능력**과 다수를 지도할 때 그들의 **의견을 통합할 수 있는 능력** 등을 가지고 있어야 한다고 봅니다.

4. 청소년지도사가 갖춰야 할 핵심역량에 대하여 설명하시오.
① 청소년을 바라보는 올바른 가치관
② 교수자로서 가르치는 전문가
③ 프로그램 개발자로서 프로그램 기획, 요구분석, 프로그램 설계, 프로그램 운영 및 평가
④ 관리자로서 조직의 발전, 유지 프로그램 관리, 집행
⑤ 협력자로서의 역할 등입니다.

5. 청소년지도사의 바람직한 지도사 상에 대하여 설명하시오.
- 열린 마음으로 청소년을 이해하고 그들이 올바른 가치관으로 자랄 수 있도록 지지하며 격려해 줄 수 있는 사람입니다.
- 앞에서 이끌어 가는 사람이 아니라 청소년을 지지하고 격려해 주며 동행하는 사람입니다.

6. 리더로서의 청소년지도자 역할에 대하여 설명하시오.
- 자신과 관계를 맺고 있는 청소년에게 영향력을 행사하여, 목표를 달성하도록 하고 그들의 성장을 촉진하는 역할입니다.
① **전문가로서의 역할** : 청소년지도활동에 대한 전문적 지식과 기술 습득.
② **프로그램 설계자 또는 개발자로서의 역할** : 청소년 특성과 요구분석.
③ **변화촉진자로서의 역할** : 청소년의 불안과 갈등을 이해하고 수용, 청소년의 잠재역량 극대화를 위한 노력, 청소년의 문제해결과 의사결정을 조력하여 사회적응촉진.
④ **지역사회지도자로서의 역할**
⑤ **과학자 및 예술가로서의 역할**

7. 청소년지도사로서의 사회적 책임과 의무에 대하여 설명하시오.
 ① **사회적 책임** :
  • 청소년교육이나 지도는 청소년의 발달을 좌우한다.
  • 한 개인의 장래를 망칠 수도 있기 때문에 신중해야 한다.
  • 청소년을 위해서 봉사하고 헌신, 희생해야 한다.
 ② **청소년지도사의 직무**
  • 청소년사업의 이념실현   • 청소년과의 관계형성 및 유지
  • 청소년의 참여촉진   • 청소년지도활동 수행 및 운영
  • 청소년지도활동을 위한 물적, 인적자원관리

8. 리더로서 청소년지도사의 자질에 대하여 설명하시오.
 - 리더로서의 청소년지도자는 자신과 관계를 맺고 있는 청소년들에게 영향력을 행사하여 목표를 달성하도록 하고 그들의 성장을 촉진하는 것입니다.
 ① **청소년지도자의 자질**: 인간의 가치를 존중하고 청소년지도에 헌신하겠다는 이타적 영성을 가져야 합니다.
 ② **인격적 자질**: 희망과 감사, 존중과 사랑, 배려와 겸손, 용기, 책임감 등
 ③ **전문적 자질**: 직무내용에 대한 지식과 기능, 청소년의 심리적·인지적 특성과 인간관계기술, 의사소통기술, 상담기술 등

9. 청소년지도사로서의 사회적 책임과 의무에 대하여 설명하시오.
 ① 청소년 교육이나 지도는 청소년의 발달을 좌우하고, 한 개인의 장래에 영향을 주기 때문에 신중해야 합니다.
 ② 올바른 청소년의 성장을 위해서 청소년지도사는 봉사·헌신·희생의 사회적 책임을 다해야 합니다.

10. 청소년지도에 있어서 특별한 철학이나 접근법이 있다면 무엇인가?
 - 청소년의 말에 올바른 경청을 하며, 청소년을 존중해 줄 때 비로소 신뢰감이 형성된다고 생각합니다. 무엇보다도 중요한 것은 청소년의 잠재력을 일깨워 주어 행복하고, 건강한 삶을 살아갈 수 있도록 도와주는 것이 필요합니다.
 - 어떤 문제점에 있어 결과보다는 원인, 과정을 중시한다는 것입니다. 청소

년들의 말을 우선 진지하게 들어 주고 존중해 줄 때 신뢰감이 형성되어 진정한 대화가 이루어진다고 생각합니다

11. 청소년지도사의 직무에 대하여 설명하시오.
① 청소년사업의 이념 실현
② 청소년과의 관계 형성 및 유지
③ 청소년의 참여 촉진
④ 청소년 지도활동 수행 및 운영
⑤ 청소년 지도활동을 위한 물적·인적자원 관리

12. 학교교사와 청소년지도사의 차이점은 무엇입니까?
① 학교교사는 교과교육을 통해서 청소년 발달을 도모한다.
학교라는 제한적인 공간에서 전문가에 의해 개발된 교육과정(커리큘럼)을 전달해주는 교수자의 역할입니다. (지성계발)
② 청소년지도사는 교과과목 이외의 활동에 청소년의 건전한 발달을 위해서 일하며, 학교 밖뿐만 아니라 방과 후나 특기적성, 특별활동을 지도할 수 있습니다. 청소년지도사는 청소년단체나, 청소년수련시설, 청소년보호, 청소년복지 보호에 관련된 업무를 담당합니다. (덕성함양)

※ 유사질문.
13. 학교교사와 청소년지도사를 비교했을 때 청소년지도사가 부족한 점은 무엇이라고 생각하는가?
- 사회적 지위체계 즉 권위체계의 차이를 들 수 있습니다. 학교 교사보다 청소년지도사들을 보다 한 단계 낮춰보는 것이 현실이고 청소년지도에 대한 전문가적 뒷받침이 부족하다고 생각합니다.

14. 청소년지도자와 청소년지도사에 대해 설명하시오.
① 청소년지도자는 청소년기본법에 의한 청소년지도사, 청소년상담사, 청소년시설이나 단체, 청소년관련 기관에서 청소년육성 및 지도업무에 종사하는 자를 말합니다.
② 청소년지도사는 청소년지도사 국가자격이 있는 자로서 청소년활동(프로그램, 사업)을 전담하며, 지도활동은 수련활동, 지역·국가 간 교류활동, 동아리활동, 봉사활동, 예술활동 등을 지도합니다.

15. 청소년지도사와 사회복지사의 차이점을 설명하시오.
- 청소년지도사는 청소년을 대상으로 전문적 지식을 가지고 활동하는 사람이며, 사회복지사는 사회복지에 관련된 지식을 가지고 활동하는 전문가입니다.
① 청소년지도사는 소년지도사 국가자격이 있는 자로서 청소년활동(프로그램, 사업)을 전담하며, 지도활동은 수련활동, 지역·국가 간 교류활동, 동아리활동, 봉사활동, 예술활동 등을 지도합니다.
② 사회복지사는 노인, 장애인, 여성, 청소년, 아동, 환자 등 비교적 넓은 대상에게 사회복지서비스를 제공하게 되고 사회복지전문직 공무원도 가능합니다.

16. 청소년복지와 사회복지의 차이점을 설명하시오.
① 사회복지는 사회적 약자와 소외된 사람들을 위한 프로그램이나 사회적 서비스 또는 제도를 통해 역기능을 예방하고 해결하기 위한 체계적이고 조직적인 실천적인 활동이고,
② 청소년복지는 청소년을 대상으로 정상적인 삶을 영위할 수 있는 기본적인 여건을 조성하고 조화롭게 성장, 발달할 수 있도록 돕는 실천적인 기술이라고 할 수 있습니다.

17. 청소년지도사가 청소년들에게 어떠한 영향을 미칠 수 있다고 생각하는지 설명하시오.
① 변화촉진자로의 역할이 매우 중요하다.
② 청소년의 불안과 갈등을 이해하고 수용하게 한다.
③ 청소년의 개인적 성장지지 및 지원을 하게 한다.
④ 청소년의 문제해결과 의사결정을 조력하여 사회적응을 촉진하게 한다.
⑤ 청소년의 잠재역량 극대화를 위한 노력을 하게 한다.
⑥ 청소년의 올바른 가치관을 심어주고, 청소년기의 자아정체감 형성에 도움을 주어 건전한 성장이 되도록 한다.

18. 청소년들과 거리를 좁히기 위해 지도자들은 어떤 태도를 취해야 할 것인가?
① 청소년을 열린 마음으로 대하고, 편견 없이 청소년의 눈높이에서 생각과 문화를 접할 수 있는 TV, 인터넷사이트, 대중문화 등 관심을 기울

이는 노력이 필요합니다.
② 열린 마음으로 개방적인 태도와 청소년들의 의견을 긍정적으로 생각하면서 적극적인 수용의 자세가 필요합니다.

19. 청소년지도사의 사회적 역할(지역사회 역할로 정리하였음)은 무엇인가요?

- 청소년의 문제행동이나 심리적 부적응이 점차 개인적 문제에서 지역사회의 문제로 인식됨에 따라 청소년활동지도자 역시 이의 해결을 위한 지역사회 개선을 위해 노력해야 합니다.
① 지역사회의 청소년지도업무 선도
② 청소년의 문제행동과 심리적 부적응을 유발하는 사회구조와 환경탐색 및 대안 마련
③ 청소년 발달을 조력하기 위한 지역사회의 인적·물적 자원의 동원 및 조직

20. 청소년지도사로서의 자질 및 긍지는 어떠한가?

- 모든 청소년들의 발달 가능성을 인정하고 늘 긍정적인 태도로 투철한 자기 철학과 자기중심을 가지고 끊임없이 노력하여 전문성을 강화해야 합니다. 또한, 내가 지도한 청소년은 미래 우리나라를 이끌어갈 지도자로 바른 인격, 도덕성을 갖춘 청소년으로 자랄 것이라는 긍지를 가지고 있으며, 그렇게 되도록 성실성을 가지고 지도자의 길을 걸을 것입니다.

Ⅱ. 청소년에 관한 지식과 응용능력

1. 청소년정책을 총괄하는 부처는 어디입니까?
- 여성가족부입니다.
  청소년정책은 여성가족부장관이 관계 행정기관의 장과 협의하여 총괄·조정하며, 청소년정책에 대한 주요사항을 심의·조정하기 위해 여성가족부에 둔다.

2. 청소년지도사 자격증은 무슨 법에 속하는지 말해보시오.
-「청소년기본법 제21조」근거하고 있습니다.

3. 청소년육성에 대하여 설명하시오.
- **청소년육성**은 **청소년활동**을 **지원**하고, **청소년복지를 증진**하고, **사회여건과 환경을 청소년에게 유익하도록 개선**하고 청소년을 **보호**하며 **청소년에 대한 교육을 보완**, 청소년들의 균형 있는 성장할 수 있도록 돕는 것을 말합니다.
  ※ 청소년육성의 근원은 헌법이며, 청소년육성의 총론적 토대는 청소년기본법이며 육성영역은 청소년활동, 청소년복지, 청소년보호에 관한 영역입니다.

3-1. 청소년육성과 활동에 대하여 비교해서 설명하시오.
- **청소년육성**은 청소년활동을 지원하고 청소년의 복지를 증진하며 사회여건과 환경을 청소년에게 유익하도록 개선하고 청소년을 보호하여 청소년에 대한 교육을 보완함으로써 청소년의 균형 있는 성장을 돕는 것이고
- **청소년활동**은 청소년의 균형 있는 성장을 위하여 필요한 활동과 이러한 활동을 소재로 하는 수련·교류·문화활동 등 다양한 형태의 활동입니다.

4. '제6차 청소년육성계획'에 대해 말해보시오.
- 여성가족부장관은 청소년정책위원회의 심의를 거쳐 청소년육성에 관한 기본계획을 5년마다 수립하며, 제6차 청소년정책기본계획은 2018~2022년입니다.

① '현재를 즐기는 청소년, 미래를 기대하는 청소년, 청소년을 존중하는 사회'라는 기본이념이다.
② 청소년 참여 및 권리증진, 청소년 주도의 활동 활성화, 청소년 자립 및 보호지원 강화, 청소년정책 추진체계 혁신을 목표로 설정하였다.
③ 이를 위해 4대 영역(청소년 참여 및 권리증진, 청소년 주도의 활동 활성화, 청소년 자립 및 보호지원 강화, 청소년정책 추진체계 혁신)의 12개 중점과제와 144개 세부과제가 추진되고 있다.

5. **청소년 영역과 관련법을 분류하여 설명하시오.**
   - **청소년활동** : 청소년활동진흥법
   - **청소년복지** : 청소년복지지원법, 근로기준법, 아동복지법
   - **청소년보호** : 청소년보호법, 아동·청소년의 성 보호에 관한 법률, 학교폭력예방 및 대책에 관한 법률,

6. **청소년정책 중 한 가지를 이야기 하시오.**
- 청소년주요정책은
 ① 건강한 미래세대를 위한 청소년 참여와 역량강화
 ② 사회적 위험에 대처할 수 있는 청소년 지원강화
   - **청소년정책 참여기반**: 청소년정책포럼, 청소년의 달, 청소년특별회의, 청소년운영위원회, 청소년참여위원회.
   - **청소년활동**: 청소년문화존, 청소년수련활동인증제, 청소년수련활동신고제, 국제청소년성취포상제, 청소년방과후아카데미운영
   - **청소년사회안전망 강화**: 지역사회청소년통합체계, 헬프콜1388, 두드림존
   - **청소년 유해환경 개선 및 보호강화**: 인터넷중독 예방치료, 성범죄자의 신상공개, 여성 및 청소년보호 중앙점검단

7. **청소년참여보장을 위한 국가의 정책을 아는 대로 말해보시오.**
- 청소년수련활동인증제, 청소년수련활동신고제, 국제청소년성취포상제입니다.

8. 청소년 관련기관은 무엇이 있고 그 기관의 역할에 대하여 간략히 설명하시오.
- 한국청소년활동진흥원, 한국청소년상담복지개발원, 한국청소년정책연구원
  ① **한국청소년활동진흥원** -「청소년활동 진흥법」제6조에 근거, 청소년수련활동인증제, 청소년자원봉사활동지원, 국제청소년성취포상제, 수련시설 종합 안전점검 지원 및 안전 관련 컨설팅 홍보, 교류활동의 진흥 및 지원사업 등이 있다.
  ② **한국청소년상담복지개발원** -「청소년복지 지원법」제22조 근거, 지방자치단체가 설치·운영하는 청소년상담복지센터를 중심으로 한 지역사회 위기청소년통합지원체계(CYS-Net) 관계자 회의, 지도·지원 등을 실시하고, 종합정보망을 운영하고 있으며, 사회적 이슈가 되는 청소년 문제들을 분석·연구함으로써 문제해결과 예방에 도움을 주고 있다.
  ③ **한국청소년정책연구원** - 청소년 기초조사 및 정책연구 수행, 청소년정책평가 및 자문 지원, 국내외 교류 및 협력사업 추진, 정책 및 연구자료 제공 등 국책연구기관으로서의 역할을 수행한다.

9. 청소년 관련법(법령, 활동)의 종류와 관계법령에서 규정하고 있는 청소년의 나이를 말해보시오. ★★★★★
  ① 청소년기본법 : 9세 이상 ~ 24세 이하
  ② 청소년활동진흥법 : 9세 이상 ~ 24세 이하
  ③ 청소년복지지원법 : 9세 이상 ~ 24세 이하
  ④ 청소년보호법 : 만 19세 미만
     (다만, 19세 도달하는 해의 1월 1일 맞이한 사람은 제외)
  ⑤ 아동·청소년의 성 보호에 관한 법률 : 19세 미만
     (다만, 19세 도달하는 해의 1월 1일 맞이한 자 제외)
  ⑥ 소년법 : 만 19세 미만
  ※ 소년경찰 직무 요강: 10~19세 우범, 10~14세 촉법, 14~19세 범죄소년
  ⑦ 근로기준법 : · 15세 미만-사용금지(취직인허증소지시 가능)
                · 15~18세 미만- 연소자 증명서 비치
                · 18세 미만 - 유해·위험사업사용금지
  ⑧ 아동복지법 : 18세 미만

10. 청소년 기본법과 법령에 대해 말해보시오.
① 청소년 기본법(목적) - 청소년의 권리 및 책임과 가정·사회·국가 및 지방자치단체의 청소년에 대한 책임을 정하고 청소년육성정책에 관한 기본적인 사항을 규정함.
② 청소년 기본법의 (기본이념 4가지) - 청소년이 사회구성원으로서 정당한 대우와 권익을 보장받음과 아울러 스스로 생각하고 자유롭게 활동할 수 있도록 하며 보다 나은 삶을 누리고 유해한 환경으로부터 보호될 수 있도록 함으로써 국가와 사회가 필요로하는 건전한 민주시민으로 자랄 수 있도록 함을 기본이념으로 한다.
③ 추진방향.
 • 청소년의 참여보장
 • 청소년의 창의성과 자율성에 기초한 능동적인 삶의 실현
 • 청소년의 성장여건과 사회환경의 개선
 • 민주. 복지. 통일조국에 대비하는 청소년의 자질향상

※ 유사질문.
10-1. 청소년기본법의 기본이념(4가지)에 대해 말해보시오.
 ① 청소년에 대한 사회구성원으로서 정당한 대우와 권익 보장
 ② 청소년 스스로의 생각과 자유로운 활동보장
 ③ 청소년의 보다 나은 삶과 유해환경으로부터의 보호
 ④ 건전한 민주시민으로의 성장지원

11. 청소년활동진흥법에 대하여 설명하시오.
- 미래사회의 주역이 될 청소년이 수련활동뿐만 아니라, 문화활동, 교류활동 등 다양한 청소년활동을 통해 자신의 기량과 품성을 함양, 꿈과 희망을 마음껏 펼칠 수 있도록 제도적 기반을 마련하는 법입니다.
- 다양한 청소년활동을 적극적으로 진흥하기 위하여 필요한 사항을 정함을 목적으로 한다.

12. 청소년복지지원법의 주요 내용은 무엇인가요?
 ① 청소년의 인권보장 및 복지향상
 ② 청소년의 건강보장

③ 특별지원청소년의 지원
④ 교육적 선도

13. 청소년증에 대해서 설명하고 무슨 법에 속하는지 말하시오.
   ※ 유사질문. 청소년증은 누구에게 발급하는가?
   ① 청소년증 발급은 「청소년복지지원법」에 의해 여성가족부령으로 정한다.
   ② 만 9~18세 이하의 청소년임을 확인하는 신분증으로 교통수단, 문화시설, 여가시설 등의 이용료 면제나 할인혜택과 각종 시험, 금융거래 등에서 신분증 활용이 가능하다.
   ③ 특별자치도지사 또는 시장·군수·구청장은 신청 확인 후 청소년증을 발급하여야 한다.

14. 청소년복지지원법의 특별지원청소년은 누구입니까?
   - 대상은 9세 이상 19세 이하입니다.

15. 청소년특별지원제도란 무엇인지 설명하시오.
   - 위기상황에 노출되어 지원받지 못하는 청소년들에게 1~2년간 기초적인 생계비, 의료비, 학업비 등 자립을 지원하는 제도입니다.

16. 청소년과 관련된 근로기준법을 설명하시오.
   - 청소년의 근로보호와 최저 근로연령 - 청소년인 연소자의 근로에 대하여 특별히 규정하고 있다.
   - 최저 근로연령과 취직인허증 - 15세 미만인자는 근로자로 사용하지 못하며(노동부장관이 발급하는 취직인허증을 지닌 자는 근로자로 사용할 수 있다) 취직인허증을 받을 수 있는 자는 13세 이상 15세 미만인자로 한다.
   ① 2021년 최저임금 : 8,720원 (월급- 1,822,480원)
   ② 원칙적으로 만 15세 이상의 청소년만 근로가 가능
   ③ 연소자를 고용할 경우, 연소자의 부모님 동의서와 가족관계증명서를 사업장에 비치해야 함
   ④ 근로조건을 명시한 근로계약서를 작성해 근로자와 교부해야 함
   ⑤ 위험한 일이나 유해한 업종의 일은 할 수 없음
   ⑥ 15세 이상~18세 미만인 자의 근로시간은 1일 7시간, 1주일 40시간을

초과하지 못한다. (1일 1시간, 1주일 6시간 한도로 연장 가능)

※ 유사질문. **청소년의 근로시간에 대하여 말해보세요.**

17. 청소년아르바이트의 문제점과 대책에 대하여 자신의 생각을 말하시오.

- 현행 「근로기준법」에 의하면 만15세 이상 만18세 미만의 자에 대하여 연소자로 규정하고 있고, 야간근로와 휴일근로의 제한(근로기준법 제70조) 등 연소자 근로보호 조항을 두고 있습니다.

① 노동인권 사각지대, 청소년 아르바이트
    아르바이트 실태 분석' 보고서를 받아 본 결과, 청소년들의 노동인권이 심각하게 침해받고 있는 것으로 드러났고, 일부의 사업장은 근로기준법 상 연소자 근로보호 조항을 위반하고 있는 것으로 나타났습니다.

② 최저임금 미보장 및 임금체불·미지급문제 심각
    아르바이트를 경험한 학생 및 학교 밖 청소년 중 최저임금 미만을 받았다는 경우와 임금체불이나 미지급도 경험한 것으로 나타났습니다.
    또한, 초과근로수당을 받지 못한 경우와 야근 및 휴일 근로수당을 받지 못한 경우는 학생 등 부당 대우 문제가 심각한 것으로 드러났습니다.

③ 아르바이트 중 폭언·폭행 및 성희롱에도 무방비 노출!
    폭언·구타·폭행을 당한 경우는 조사되었음. 특히, 학생 중 일부는 아르바이트 도중 성희롱을 경험한 적이 있다고 답했으며, 학교 밖 청소년의 경우에도 성희롱등의 사례가 다수 발견되어 성적침해에 대한 강력한 보호가 필요한 것으로 나타났습니다.

18. 우범소년, 촉법소년, 범죄소년을 구별하여 설명하시오.

① 우범소년은 죄를 범하지는 아니하였으나 그 성격이나 환경으로 보아 장차 죄를 범할 우려가 있는 10세 이상 19세 미만의 소년을 말합니다.
② 촉법소년은 형법에 저촉되는 행위를 한 10세 이상 14세 미만의 소년이며, 형사처벌을 받지 않고, 보호처분의 대상이 됩니다.
③ 범죄소년은 범죄를 저지른 14세 이상 19세 미만의 소년을 말합니다.

19. 청소년관련법 각 법이 시행되고 적용되는 곳에 대하여 구체적으로 이야기 해 보시오.
   ① **청소년기본법** : 시·도 청소년상담지원센터, 청소년지도사·상담사, 한국청소년단체협의회, 한국청소년상담원, 지방청소년단체협의회, 청소년특별회의, 청소년육성기금조성
   ② **청소년활동 진흥법** : 청소년운영위원회, 청소년활동시설(수련,이용시설) 한국청소년활동진흥원, 수련활동인증제, 한국수련시설협회, 청소년수련지구, 청소년교류센터, 청소년문화축제, 청소년동아리활동활성화, 자원봉사활동활성화
   ③ **청소년복지지원법** : 특별지원청소년, 청소년증, 청소년쉼터, 청소년방과후아카데미, 청소년공부방, 드림스타트사업
   ④ **청소년보호호법** - 청소년보호위원회, 위기청소년교육센터->청소년보호·재활센터.
   청소년시청보호시간대 ~ 평일:오전7-9시까지, 오후1-10시까지
   　　*토요일,공휴일, 방학기간:오전7-오후10시 까지
   ⑤ **아동·청소년 성 보호에 관한 법률** - 신상정보공개.

20. 청소년 관련 사업에 대해 아는 대로 말해보시오.
   - 청소년사업은 청소년활동 안전사업, 청소년복지사업, 청소년보호사업, 청소년참여증진 우대사업 등의 네 분류로 구분됩니다.
   ① **청소년활동 안전사업**
   　・청소년방과후아카데미 운영
   　・지역 청소년활동정책 진흥사업
   　・청소년어울림마당 및 동아리활동 지원사업
   　・청소년수련시설 종합평가 및 안전/위생 점검
   　・청소년지도사 배치지원
   　・청소년수련활동 신고제 운영
   ② **청소년복지사업**
   　・청소년상담복지센터 운영
   　・청소년동반자 프로그램 운영
   　・청소년쉼터 운영
   　・청소년자립지원관 운영

- 청소년회복지원시설 운영
- 청소년 특별지원사업 운영
- 지역사회 청소년통합지원체계(CYS-Net) 운영
- 학교 밖 청소년 지원센터 사업
- 여성 청소년 보건위생물품(생리대) 바우처 지원

③ 청소년보호사업
- 청소년 유해환경감시단 운영관리
- 청소년 인터넷/스마트폰 과의존 예방 및 해소 지원사업
- 청소년 인터넷/스마트폰 과의존 전담상담사 배치
- 국립청소년인터넷드림마을 운영
- 청소년치료재활센터 운영
- 청소년근로 권익 보호

④ 청소년참여증진 우대사업
- 청소년 참여 증진
- 청소년 우대 및 청소년증

21. 한국청소년상담복지개발원에 대해 설명하시오

① 한국청소년상담복지개발원은 「청소년복지 지원법」 제22조에 의해 설립된 여성가족부 산하 공공기관입니다.
② 각 지역 청소년상담복지센터와 유관기관 간 연계를 통해 위기청소년을 돕는 '지역사회 청소년통합지원체계(CYS-Net)'를 구축·운영하고 있으며, '학교 밖 청소년 지원센터(청소년지원센터 꿈드림)'의 중앙지원기관으로서 학업을 중단한 청소년들의 학업 복귀와 사회 진입을 적극 지원하고 있습니다.
③ 2012년 한국청소년상담원 → 한국청소년상담복지개발원으로 명칭변경

22. 청소년상담복지센터에 대해 설명하시오

- 청소년상담복지센터는 16개 시·도 모두에 설치 운영하고 있으며, 사업목적은 청소년 상담, 긴급구조, 자활, 의료지원 등 통합지원 서비스를 제공하여 청소년의 건강한 성장 및 복지증진을 도모하는 것입니다.
① 상담서비스 : 내방상담, 전화상담, 집단상담, 인터넷상담, 각종 심리검사 등

② 지역사회 청소년통합지원체계(CYS-Net) 운영
③ Help Call 청소년전화 1388 운영
④ 청소년동반자(YC) 프로그램 운영
⑤ 위기청소년 자립지원 프로그램인 '두드림존' 사업

23. 청소년정책을 연구하는 기관에 대하여 말해보시오.
① 「청소년육성법」에 의해 설립된 '**한국청소년정책연구원**'입니다.
② 청소년 기초조사 및 정책연구 수행, 청소년정책평가 및 자문지원, 국내외 교류 및 협력사업 추진, 정책 및 연구자료 제공 등 국책연구기관으로서의 역할을 수행합니다.
③ 국가지방자치단체의 청소년 관련 정책수립을 위한 연구 및 정책 현안에 대한 대응방안과 프로그램을 개발하고,
④ 민감부문에서 이루어지는 각종 청소년 관련 사업의 원활한 추진을 위한 지원 및 자문을 제공하는 청소년분야의 중추정책기관으로서의 역할을 수행하고 있습니다.

24. 청소년헌장의 내용에 대하여 말해보시오.
- 청소년헌장의 내용은 주문, 청소년의 권리, 청소년의 책임, 이렇게 3개 부분으로 구분되어 있습니다. 우리 사회가 청소년을 바라보는 관점, 청소년의 권리와 책임에 대한 기준점을 제공하고 있습니다.
① 청소년은 자기 삶의 주인이다.
② 청소년은 인격체로서 존중받을 권리와 시민으로서 미래를 열어 갈 권리를 가진다.
③ 청소년은 스스로 생각하고 선택하며 활동하는 삶의 주체로서 자율과 참여의 기회를 누린다.
④ 청소년은 생명의 가치를 존중하며 정의로운 공동체의 성원으로 책임 있는 삶을 살아간다.
⑤ 가정, 학교, 사회 그리고 국가는 위의 정신에 따라 청소년의 인간다운 삶을 보장하고 청소년 스스로 행복을 가꾸며 살아갈 수 있도록 여건과 환경을 조성한다.

※ 기타 유사질문.
24-1. 청소년헌장의 3가지 영역에 대하여 말해보시오.
- 청소년의 권리와 책임규정, 청소년복지를 청소년 정책의 한 분야로 인정, 교육보호의 제도화.

25. 청소년기본법에 의한 청소년활동이란 무엇인가?
- 청소년활동에 대하여는 「청소년기본법」과 「청소년활동진흥법」에서 정의하고 있습니다. 법적 정의에 따르면 청소년의 균형 있는 성장을 위하여 필요한 활동과 이러한 활동을 소재로 하는 수련활동, 교류활동, 문화활동 등 다양한 형태의 활동을 말합니다.
① **청소년수련활동**: 청소년이 청소년활동에 자발적으로 참여하여 청소년 시기에 필요한 기량과 품성을 함양하는 교육적 활동으로서 청소년지도자와 함께 청소년수련거리에 참여하여 배움을 실천하는 체험활동
　• 구분 : 숙박형, 비숙박형
　• 활동영역- 스포츠활동, 문예활동, 전통문화활동, 과학활동, 예능활동, 자연체험활동, 예절수양활동, 자아계발활동 등
② **청소년교류활동**: 지역 간, 남·북 간, 국가 간의 다양한 교류를 통하여 공동체의식을 함양하는 체험활동
③ **청소년문화활동**: 예술활동, 스포츠활동, 동아리활동, 봉사활동 등을 통하여 문화적 감성과 더불어 살아가는 능력을 함양하는 체험활동

26. 청소년활동이 왜 필요한지 설명해 보시오.
① **청소년기에 갖추어야 할 핵심역량**: 자아역량, 갈등조정역량, 문제해결역량, 성취동기역량, 대인관계역량, 리더십역량, 신체건강역량, 시민성역량 등.
② **청소년활동**: 청소년의 발달특성에 따른 사회적 적응력을 증진하는 활동이며, 청소년 개개인의 역량을 증진하는 활동이라고 할 수 있다.
③ **청소년활동의 교육적 가치**: 학교현장을 벗어나 교육적 경험의 기회를 야외공간을 통해 확대하고 청소년 스스로가 경험적 가치를 높임으로써 자발적으로 사회적 역량을 증진해 나가는 것을 의미합니다.
④ **청소년활동의 효과**
　• 청소년의 자아존중감, 자아개념, 자기효율성 등을 향상시키는 가치가

있다.
- 청소년이 청소년활동에 참여함으로써 자기효능감이 현저히 높아지고 자신이 수행하는 과업이나 행동의 범위가 크게 확대되며, 궁극적으로는 자신의 학업성취도를 제고하는 능력이 크게 확대
- 야외활동을 통하여 청소년들의 개인차를 인식하게 된다. 즉, 성·학문적능력·육체적 능력 등이 다르게 나타남을 인식하게 된다.
- 자아존중감, 자아개념, 자신의 조절능력 등을 향상시켜 사회화과정을 보다 효과적으로 이행해 나가는 중요한 계기가 된다.

27. 청소년 기본법상 청소년활동의 영역에 대하여 설명해보세요.
- 고유활동영역, 수련활동영역, 임의활동영역 등이 있습니다.
  ① **고유활동영역**: 학교나 직장, 복무처를 중심으로 이루어지는 학업, 근로, 복무활동
  ② **수련활동영역**: 생활권이나 자연권에서 심신단련, 자질배양, 취미개발, 정서함양, 사회봉사 등 체험활동
  ③ **임의활동영역**: 주로 가정을 중심으로 이루어지는 자유 활동

28. 창의적 체험활동에 대하여 간략히 설명해 보시오.
① 학교의 재량으로 특별활동과 재량활동을 통합하여 창의적 체험활동을 도입했습니다.
② 학생이 자기주도적으로 학교 내·외의 다양한 창의적 체험활동은 자율활동, 동아리활동, 봉사활동, 진로활동 등 4개의 영역으로 구성되며 민주시민으로서 기본적인 자질 함양을 목표로 하고 있습니다.

29. '어울림마당'이란 무엇인지 설명하시오.
① 청소년의 건전한 여가 활용 육성을 위해 문화예술, 스포츠 등을 소재로 한 공연, 경연, 전시 놀이체험 등 문화표현의 장으로 청소년의 접근이 용이하고 다양한 지역사회 자원이 결합된 일정한 공간을 의미한다.
② 지역 내의 청소년들이 다양한 문화활동의 생산자, 소비자로서 주도적으로 문화활동에 참여할 수 있는 상시적 공간을 조성하여 청소년의 문화적 감수성 및 역량 증진과 동아리 및 지역사회 자원을 연계한 청소년활동을 통하여 건전한 청소년문화 형성을 도모하는 것이다.

30. 청소년 문화활동의 종류는 무엇인지 설명하시오.
 - 예술활동, 스포츠활동, 동아리활동, 봉사활동 등 문화적 감성과 더불어 살아가는 능력을 함양하는 체험활동, 문화존 등이 있습니다.

31. '청소년동아리활동'에 대하여 설명하세요.
① 문화, 예술, 스포츠 등 다양한 취미활동을 통해 건강한 또래관계형성 및 자신의 특기나 소질을 개발 할 수 있는 자율적 활동을 말합니다.
② 여성가족부는 학교(초·중·고·대)의 동아리활동 활성화를 위해서 지역의 청소년 수련시설과 연계하여 우수 청소년동아리를 선정하여 지원하고 있습니다.

32. 청소년관련시설의 종류에 대해 설명하시오.
- 청소년관련시설은 청소년활동시설, 청소년복지시설, 청소년보호시설이 있습니다.
① **청소년활동시설**
 • **수련시설**(청소년수련관, 청소년수련원, 청소년특화시설, 청소년문화의 집, 청소년야영장, 유스호스텔)
 • **이용이설**(문화시설, 과학관, 체육시설, 평생교육시설, 자연휴양림, 수목원, 사회복지관, 시민회관, 어린이회관, 공원, 광장, 둔치 등)
② **청소년복지시설** - 청소년쉼터, 청소년자립지원관, 청소년치료재활센터, 청소년회복지원시설
③ **청소년보호시설** - 청소년전문치료기관, 청소년보호·재활센터 등

33. 청소년수련시설의 종류에 대하여 설명하시오.
- 청소년수련시설에는 청소년수련관, 청소년수련원, 청소년특화시설, 청소년문화의집, 청소년야영장, 유스호스텔 등이 있습니다.
① **청소년수련관** - 다양한 수련거리를 실시할 수 있는 각종 시설 및 설비를 갖춘 종합수련시설. (1급-1인, 2급-1인, 3급-2인)
② **청소년수련원** - 숙박기능을 갖춘 생활관과 다양한 수련거리를 실시할 수 있는 각종 시설과 설비를 갖춘 종합수련시설. (2급, 3급-각 1인, 500명 초과 시 1급, 250명 추가마다 1명씩 추가)
③ **청소년특화시설** - 청소년의 직업체험, 문화예술, 과학정보, 환경 등 특

정 목적의 청소년활동을 전문적으로 실시할 수 있는 시설과 설비를 갖춘 수련시설. (2급 및 3급 각 1인 이상)
④ **청소년문화의집** - 간단한 수련활동을 실시할 수 있는 시설 및 설비를 갖춘 정보·문화·예술 중심의 수련시설. (지도자 1인 이상)
⑤ **청소년야영장** - 야영에 적합한 시설 및 설비를 갖추고 수련거리 또는 야영편의를 제공하는 수련시설. (지도자 1인 이상)
⑥ **유스호스텔** - 청소년의 숙박 및 체제에 적합한 시설. 설비와 부대, 편익시설을 갖추고 숙식편의 제공, 여행 청소년의 활동지원 등을 주된 기능으로 하는 시설. (지도자 1인 이상, 500명 초과 시 2급 1인 추가)

34. 청소년 이용시설의 종류는 무엇입니까?
- 문화시설, 과학관, 체육시설, 평생교육시설, 자연휴양림, 수목원, 사회복지관, 시민회관, 어린이회관, 공원 광장, 둔치 등이 있습니다.

35. 청소년 관련기관에 청소년지도사 배치기준은 어떻게 되나요?
① 청소년수련관 : 1급 - 1인, 2급 - 1인, 3급 - 2인 이상
② 청소년수련원 : 2급, 3급 - 각 1인 이상
   (500명 초과 시 1급, 250명 추가마다 1명씩 추가)
③ 청소년특화시설 : 2급, 3급 - 각 1인 이상
④ 청소년문화의 집 : 1인 이상(급수 무관)
⑤ 청소년야영장 : 1인 이상(급수 무관)
⑥ 유스호스텔 : 1인 이상(급수 무관), 500명 초과 시 2급 1인 추가

36. 청소년문화의집이란 무엇인지 설명하시오.
- 청소년들을 위한 문화와 예술, 정보 중심의 수련시설입니다. 청소년문화의집은 시·도지사 및 시장·군수·구청장이 읍·면·동에 청소년활동진흥법에 의해 청소년문화의집을 1개소 이상 설치·운영하고 있습니다.

37. 청소년수련관이란 무엇인지 설명하시오.
① 다양한 수련거리를 실시할 수 있는 각종 시설 및 설비를 갖춘 종합수련시설입니다.
② 청소년들에게 수련활동을 통하여 청소년의 복지증진을 도모하고, 건전

한 청소년으로 육성하기 위한 시설입니다.

38. 청소년수련원이란 무엇인지 설명하시오.
① 다양한 수련거리를 실시할 수 있는 각종 시설과 숙박기능을 갖춘 생활관이 있는 종합수련시설입니다.
② 청소년수련원은 도시권에서 벗어나 자연권에서 청소년들이 직접 체험하고 수련함으로써 올바른 능력과 품성을 겸비하게 하고 글로벌 청소년을 양성하는 인성수련의 장으로서 역할을 합니다.

39. 수련원과 유스호스텔의 차이점은 무엇입니까?
① 청소년수련원은 숙박기능을 갖춘 생활관과 수련 프로그램을 실시할 시설 및 설비를 갖춘 수련시설입니다.
② 유스호스텔은 청소년의 숙박체제에 적합한 시설·설비와 부대 편의시설을 갖추고 숙식편의 제공, 여행 청소년활동 지원 등을 주된 기능으로 하는 시설입니다.

40. 청소년특화시설이란 무엇인지 설명하시오.
- 청소년의 직업체험, 문화예술, 과학정보, 환경 등 특정 목적의 청소년활동을 전문적으로 실시할 수 있는 시설과 설비를 갖춘 수련시설입니다.
① 청소년미디어센터 (스스로넷)
② 청소년문화교류센터 MIZY(미지)
③ 청소년직업체험센터 HAJA(하자)
④ 청소년성문화센터 AHA(아하)
⑤ 서울특별시립 근로청소년복지관
⑥ 서울특별시립 청소년활동진흥센터 등이 있습니다

41. 청소년기관 중 국가기관은 어떤 것이 있는지 설명해보시오.
① (천안) 국립중앙청소년수련원 - 교육과 연수
② (평창) 국립평창청소년수련원 - 모험개척과 산림
③ (고흥) 국립청소년우주센터 - 항공과 우주
④ (김제) 국립청소년농·생명센터 - 농업과 생명
⑤ (영덕) 국립청소년해양센터 - 해양과 환경

42. 청소년수련활동과 수련활동 시 필요한 구성요소에 대하여 설명하시오. (청소년수련활동의 3요소)
- 청소년수련활동의 3요소 : 수련거리, 수련시설, 청소년지도자입니다.

43. 청소년복지시설의 종류를 말해보세요.
- 청소년복지시설은 청소년쉼터, 청소년자립지원관, 청소년치료재활센터, 청소년회복지원시설 등이 있습니다.
① **청소년쉼터** : 가출청소년에 대하여 가정·학교·사회로 복귀하여 생활할 수 있도록 일정기간 보호하면서 상담·주거·학업·자립 등을 지원하는 시설
② **청소년자립지원관** : 일정기간 청소년쉼터 또는 청소년복지시설의 지원을 받았는데도 가정·학교·사회로 복귀하여 생활할 수 없는 청소년에게 자립하여 생활할 수 있는 능력과 여건을 갖추도록 지원하는 시설
③ **청소년치료재활센터** : 학습·정서·행동상의 장애를 가진 청소년을 대상으로 정상적인 성장과 생활을 할 수 있도록 해당 청소년에게 적합한 치료교육 및 재활을 종합적으로 지원하는 거주형 시설
④ **청소년회복지원시설** : 「소년법」 제32조 제1항에 따른 감호 위탁 처분을 받은 청소년에 대하여 보호자를 대신하여 그 청소년을 보호할 수 있는 자가 상담·주거·학업·자립 등 서비스를 제공하는 시설

44. 가출청소년들을 위한 기관에는 무엇인지 설명하시오.
※ 유사질문 1. **쉼터의 종류**는 무엇이 있는지 말해보시오
※ 유사질문 2. **청소년복지법에 의해서 운영되고 있는 시설은?**
① **청소년쉼터**는 **청소년복지지원법에** 근거하여 가출청소년의 일시보호, 숙식을 제공해 주고, 가출청소년의 상담·선도 등을 통해 가정이나 사회로의 복귀 지원을 합니다.
② 종류는 **일시쉼터(7일 이내), 단기쉼터(9개월 이내), 중·장기쉼터(3년 이내)** 등 3개의 보호시설이 있습니다.
- **일시쉼터** : 24시간 이내 일시보호(최장 7일)시설로 일반청소년, 거리생활 청소년을 대상으로 위기개입상담과 가출청소년을 발견하여 먹거리, 음료수 등 기본적인 서비스를 제공합니다. 이동형(차량)과 고정형(청소년유동지역)이 있으며, 가출예방과 가출청소년을 조기발견하여

초기개입하는 것을 지향합니다.
- **단기쉼터** : 3개월(최장 9개월) 이내 단기보호 시설로 가출청소년을 대상으로 가출청소년 문제해결을 위한 상담·치료서비스 및 예방활동과 의식주 및 의료 등 보호서비스를 제공합니다. 주요 도심별 위치로 보호, 가정 및 사회복귀를 지향합니다.
- **중·장기쉼터** : 3년 이내 중·장기보호시설로 자립의지가 있는 가출청소년들을 대상으로 가정복귀가 어렵거나 특별히 보호가 필요한 위기청소년을 대상으로 특화된 서비스를 제공합니다. 주로 주택가에 위치하고 있으며 자립지원을 지향합니다.

45. 청소년자립지원관에서는 어떤 일을 하는지 말해보시오.

- 일정기간 청소년쉼터 또는 청소년복지시설의 지원을 받았는데도 가정·학교·사회로 복귀하여 생활할 수 없는 청소년에게 자립하여 생활할 수 있는 능력과 여건을 갖추도록 지원합니다.

46. 한국청소년활동진흥원의 업무(기능)에 대해 설명하시오.

① 청소년활동, 청소년복지, 청소년보호에 관한 종합적인 안내 및 서비스 제공
② 청소년육성에 필요한 정보 등의 종합적 관리 및 제공
③ 청소년수련활동인증제도 및 수련활동 신고제운영
④ 청소년자원봉사활동의 활성화
⑤ 청소년활동프로그램 개발과 보급
⑥ 청소년지도자의 연수
⑦ 국가가 설치하는 수련시설에 대한 유지·관리 및 운영업무의 수탁
⑧ '국제청소년성취포상제' 및 '청소년자기도전포상제' 운영
⑨ '청소년특별회의' 운영 등
⑩ 청소년활동시설이 실시하는 국제교류 및 협력사업에 대한 지원
⑪ 수련시설 종합 안전점검에 대한 지원
⑫ 그 밖에 여성가족부장관이 지정하거나 활동진흥원의 목적을 수행하기 위하여 필요한 사업

47. 청소년수련활동인증제란 무엇인지 설명하시오.

① 국가나 지방자치단체 또는 개인·법인·단체 등이 실시하고자 하는 청소년수련활동에 대한 국가의 인증제도입니다.
② 한국청소년진흥센터에서 추진하고 있으며, 누구나 청소년수련활동에 대한 인증을 신청할 수 있습니다.
③ **인증대상** : 단, 청소년 참가인원이 150명 이상이거나 위험도가 높은 청소년수련활동의 경우에는 사전에 인증을 받아야 합니다.
④ **인증수련활동 유형** : 정기형, 숙박형, 이동형, 학교단체숙박형으로 구분합니다.
⑤ **언제/어디서** : 활동 참가자모집 또는 활동개시 45일 이전에 청소년수련활동인증위원회에 관련 서류를 갖추어 신고하여야 합니다.
⑤ **위험도가 높은 청소년수련활동**
- 수상활동 : 래프팅, 모터보트, 동력요트, 수상오토바이, 고무보트, 수중스쿠터, 호버크래프트, 수상스키, 조정, 카약, 카누, 수상자전거, 서프보드, 스킨스쿠버
- 항공활동 : 패러글라이딩, 행글라이딩
- 산악활동 : 클라이밍(자연암벽, 빙벽), 산악스키, 4시간 이상 야간등산
- 장거리걷기활동 : 10km 이상 도보이동
- 그 밖의 활동 : 유해성 물질(발화성, 부식성, 독성 또는 환경유해성 등) 사용, 집라인(Zip-Line), ATV 탑승 등 사고위험이 높은 물질·기구·장비 등을 활용하여 이루어지는 청소년수련활동

⑥ **인증절차 필요 없는 단체**
- 스카우트주관단체, 걸스카우트주관단체, 한국청소년연맹, 한국해양소년단연맹, 4에이치(4H)활동주관단체, 청소년적십자

48. 청소년수련활동 인증제의 인증기준을 설명해 보시오.

① **공통기준** - 활동프로그램, 지도력, 활동환경, 활동기록관리 영역의 14개의 기준으로 구성
② **개별기준** - 숙박형 3개, 이동형 5개의 기준이 추가로 적용
③ **내용** - 정기형, 숙박형, 이동형으로 구분
- **정기형** : 전체 프로그램 운영시간이 3시간 이상으로서, 실시한 날에 끝나거나 1일 1시간 이상 각 회기로 숙박 없이 수일에 걸쳐 이루어지는

활동 (청소년문화의집, 청소년수련관 등의 생활권 시설에서 실시)
- **숙박형** : 숙박에 적합한 장소에서 일정 기간 숙박하며 이루어지는 활동 (1박 2일, 2박 3일, 3박 4일 등 - 청소년수련원, 유스호스텔, 청소년야영장 등의 숙박가능 시설에서 실시)
- **이동형** : 활동내용에 따라 선정된 활동 장을 이동하여 숙박하며 이루어지는 활동(국토순례 등)
- **학교단체숙박형** : 학교장이 참가를 승인한 숙박형 활동

49. 청소년수련활동신고제란 무엇인지 설명하시오.
① 청소년수련활동신고제는 19세 미만의 청소년을 대상으로 하는 청소년수련활동의 실시계획을 신고하도록 하고, 신고 수리된 내용을 인터넷에 공개하여 국민이 정보를 활용할 수 있도록 하는 제도입니다.
② **신고대상** : 숙박형 청소년수련활동과 비숙박 청소년수련활동 중 청소년 참가인원이 150 이상이거나, 위험도가 높은 수련활동으로 지정된 활동의 대상입니다.
③ **언제/어디서** : 청소년수련활동 모집 14일 전까지 소재지 관할 시·군·구에 관련 서류를 갖추어 신고하여야 합니다.
④ **효과** :
- 수련활동 신고 준비과정에서 운영 전반에 관한 안전점검 가능
- 범죄 경력자 등 결격 사유 있는 지도자의 참여를 막을 수 있다.
- 안전보험가입 의무화로 보다 안전한 수련활동 진행
- 신고 수리된 활동 정보를 인터넷사이트(www.youth.go.kr)에 공개함으로써 정보가 필요한 모든 사람의 활동 선택과 참여 결정에 도움

50. 국제청소년성취포상제란 무엇인지 설명하시오.
① 만14세~만24세의 청소년들이 일정기간 동안 활동하면서 각 활동별 목표를 달성하면 국제적인 포상을 받을 수 있는 제도입니다.
② 포상제는 비경쟁성, 평등성, 자발성, 유연성, 균형성, 단계성, 성취지향성, 과정중시형, 지속성, 흥미 등의 10가지 기본이념을 바탕으로 활동이 이루어집니다.
③ 포상활동은 (자기개발, 신체단련, 봉사, 탐험) 활동 등 4가지 활동영역의 국제적 자기성장 프로그램입니다.

④ 포상단계는 동장(6개월), 은장(6~12개월), 금장(12~18개월)이며,
⑤ 4가지 활동영역 모두 포상활동별 최소활동 기간을 충족하고 성취목표를 달성해야 포상을 받을 수 있습니다.
⑥ 금장은 합숙활동을 추가로 해야 합니다.
⑦ 포상제에 참여할 수 있는 청소년의 연령은 만14세~24세까지로 제한되어, 만25세 생일 전까지 최종활동을 마칠 수 있는 청소년이면 누구나 참여할 수 있다.

50-1. 국제청소년성취포상제의 문제점은 무엇인가요.
① 오직 입학사정관제만을 위하여 성취포상제 활동에 참여하는 학생들이 늘어나고 있다는 점이다. 목적과 수단이 전도된 점이다.
② 대학진학을 위해 억지로 참여하는 활동자로 인해 순수한 목적으로 보람을 느끼기 위해 참여하는 활동자에게 방해가 될 수도 있다는 점이다.

51. 청소년자기도전포상제에 대해 설명하시오.
① 청소년자기도전포상제는 국제청소년성취포상제 기본운영 틀과 연계된 활동으로, 만9세~만13세(초등3학년~중2학년)의 청소년들이 자기개발, 신체단련, 봉사활동, 탐험활동의 4가지 활동영역에서 스스로 목표를 성취해 가며, 꿈을 찾는 자기성장 프로그램입니다.
② 포상활동 단계(금장, 은장, 동장)와 활동영역(자기개발, 신체단련, 봉사활동, 탐험활동)은 국제청소년성취포상제와 동일하다.
③ 참가자 연령조건은 만9 ~13세이고, 동장과 은장을 모두 포상받은 청소년은 나이 제한 없이 금장 단계활동에 도전이 가능하며,
④ 만14세가 되기 전까지 또는 중학교 2학년이 종료되기 전까지 활동을 마쳐야 한다. (한국형 성취포상제로 여성가족부장관 명의 인증서 발급)

52. 청소년참여기구를 3가지를 설명하시오.
① 청소년정책에 청소년 참여의 중요성이 강조되면서, 신설·강화된 정책참여기구입니다.
② 청소년특별회의, 청소년참여위원회, 청소년운영위원회가 있습니다.

53. 청소년특별회의를 설명하시오.
① 16개 시·도 청소년 및 청소년전문가들이 토론과 활동을 통해 청소년의 시각에서 청소년이 바라는 정책과제 발굴, 정부에 건의하여 정책화하는 청소년참여기구입니다.
② 전국 규모의 청소년참여기구
③ 법적 근거 - 청소년 기본법 제12조

54. 청소년참여위원회를 설명하시오.
① 여성가족부 및 지방자치단체 청소년정책 수립 및 시행과정에 청소년이 참여하고 의견을 제안하는 청소년참여기구입니다.
② 중앙부처와 지방자치단체의 참여기구
③ 법적 근거 - 청소년 기본법 제12조

55. 청소년운영위원회를 설명하시오.
① 청소년수련시설(청소년수련관, 문화의 집 등) 사업·프로그램 등 운영에 청소년이 참여하여 의견제시와 자문, 평가 등의 활동을 하는 청소년참여기구이다.
② 생활권수련시설(청소년수련관, 청소년문화의 집)의 청소년 참여기구
③ 법적 근거 - 청소년활동 진흥법 제4조

56. 청소년방과후아카데미와 방과후학교의 차이점은 무엇입니까
① **청소년방과후아카데미** :
- 저소득·맞벌이·한부모 등 취약계층 가정의 방과 후 홀로 시간을 보내는 청소년들에 대하여 학습능력배양·체험활동·급식·건강관리·상담 등 종합학습지원 및 복지·보호·지도를 통해 건전한 성장지원을 목적으로 하고 있습니다.
- 여성가족부와 지방자치단체가 공동으로 운영하고 있으며, 청소년수련관, 청소년문화의 집, 청소년 단체시설 등을 활용하고 있습니다.

② **방과후학교** :
- 수요자(학생, 학부모) 중심으로 운영하는 정규가정 이외의 정규수업을 보완하는 다양한 교육경험 제고 활동으로 학교운영위원회의 심의를 거쳐 정규수업 외의 시간에 교과, 특기적성, 보육 등으로 운영합니다.

57. 방과 후 청소년들이 참여할 수 있는 프로그램을 아는 대로 설명하시오.
① **지역아동센터** :
- 아동복지법 제16조에 의한 아동복지시설의 한 유형으로 전국 읍·면·동에 위치하여 아동들의 돌봄 서비스를 제공하는 지역밀착형 아동복지시설입니다. 사회소외계층의 자녀와 저소득층 아이들이 주로 이용합니다.
- 주요 프로그램은 학습지원, 생활지원, 특별활동 지원 등 복지와 보호의 통합적인 복지서비스를 제공합니다.

② **청소년 공부방** :
- 지역사회 저소득층 청소년들을 대상으로 학습공간제공과 학습지원을 하며 상담 및 생활지도 등이 이루어지고 있다.

③ **청소년방과후아카데미** :

④ **방과후학교** :

57-1. 지역아동센터의 문제점과 개선점은 무엇인가요?
① 대다수의 지역아동센터가 초등학생과 중학생이 함께 생활하면서 아동의 연령대별, 심리적, 신체적인 발달상태의 차이가 나므로 각 아동의 발달단계에 따른 지도가 어렵습니다.
② 규모별 인력배치 기준과 자격기준에 있어서 상당수 지역아동센터가 자격미달의 아동지도교사를 두고 있습니다.
③ 재정지원의 열악함입니다.
④ 지금까지 지역아동센터들은 허가제가 아닌 신고제로 개설-운영되었고, 양적인 팽창수준에 비견하면 질적으로 상당부분 저하된 느낌을 주고 있습니다.

58. 청소년 유해환경 감시·정화활동/학교정화구역에 대해서 설명하시오.
① **청소년 통행금지구역**
- 레드존 : 청소년 유해환경 밀집 지역
- 청소년보호법에 근거해 지정된 청소년 통행금지구역

② **학교환경위생 정화구역**
- 학교환경위생 정화구역은 절대정화구역과 상대정화구역으로 구분

- 절대정화구역은 학교 출입문으로부터 직선거리 50m까지 이고,
- 상대정화구역은 학교 경계선으로부터 직선거리 200m까지를 말합니다.
- 정화구역 안에서는 유해업소 설치가 원칙적으로 금지됩니다.

59. 스쿨존(School Zone)이란 무엇인가요?

① 스쿨존(School Zone)은 교통사고로부터 어린이를 보호하기 위해 설치한 어린이보호구역을 말합니다.
② 초등학교나 유치원 정문에서 반경 300m 이내에 지정된 어린이 보호구역으로 도로교통법에 의해 운행속도를 30km 이내로 제한하고 있습니다.

60. 청소년단체가 하는 일은 무엇입니까?

① 청소년복지 증진을 통한 청소년 삶의 질을 향상시키는 것입니다.
② 학교교육과 상호보완할 수 있는 청소년활동을 통한 청소년의 기량과 품성 함양, 청소년복지 증진을 통한 청소년 삶의 질 향상, 유해환경으로부터 청소년을 보호하기 위한 청소년보호업무의 수행 등이 있습니다.

61. 지역사회 청소년통합지원체계(CYS-Net)이란 무엇입니까?

① 지역사회 내 청소년 관련 자원을 연계하여 학업중단, 가출, 인터넷중독 등 위기청소년에 대한 상담·보호·교육·자립 등 맞춤형 서비스를 제공하는 사업입니다.
② 지역 내 모든 청소년을 대상으로 하며, 중·고등학생인 위기청소년에게는 '청소년동반자'를, 가출청소년에게는 '청소년쉼터'를, 인터넷중독인 청소년에게는 '인터넷중독 치유프로그램'을, 학교 밖 청소년에게는 '학교 밖 청소년 지원센터'를 연계해 주며, 위기청소년을 조기 발견하기 위한 아웃리치 프로그램과 위기청소년에 대한 일시보호 및 긴급지원 등 365일 24시간 원스톱서비스제공을 목적으로 합니다.
③ 상담지원센터를 중심으로 학교, 교육청, 경찰관서, 청소년쉼터, 의료기관 등 여러 기관이 연계 협력하여 운영되고 있습니다.

※ CYS-Net와 Wee의 차이점

CYS-Net	Wee센터
청소년정책을 주관하는 **여성가족부**	학교정책을 담당하는 **교육과학기술부**
지역사회 청소년 안전망	학생상담지원센터
학교부적응 등 사유로 장기결석하거나 자퇴하는 학생	학업중단 청소년이 학교로 복귀 시
시도 및 시군구 청소년상담지원센터에서 **경찰, 청소년쉼터, 1388 청소년지원단, 의료기관** 등 관련기관과 연계하여 청소년에 대한 상담·긴급구조·보호·치료·자활·학업 지원 등 **맞춤형 서비스를 제공**	**교육지원청을 중심으로 학교, 지역사회가 협력**하여 위기학생 상담과 교육서비스를 제공하는 **지역단위 학생상담지원센터**
청소년을 위한 건전한 인터넷 문화 조성과 청소년 인터넷 게임중독 예방·치료, 청소년 유해약물 방지 및 학교 주변 유해환경 개선을 위해 공동 협력	

62. 청소년 아웃리치(Out-reach) 서비스란 무엇입니까?

① 청소년 밀집 지역으로 직접 찾아가 심리검사 및 상담서비스를 제공하고 가출청소년을 조기 발견해 가정복귀를 돕거나 유해환경에 **빠져들지 않도록** 필요한 서비스를 지역 내 유용한 자원들을 활용하여 제공하는 활동입니다.
② 아웃리치'활동은 대도시 청소년 밀집지역에서 비행과 일탈 가능성이 높은 심야시간대(22:00~02:00)에 집중적으로 이루어지며,
③ 청소년가출 문제를 예방하기 위해 가정과 학교, 지역사회의 적극적인 해결 노력이 필요합니다.

※ 기타 유사질문.

62-1. 가출청소년 아웃리치 활동에 대하여 간략히 설명해 보시오.

① 가출청소년 아웃리치 활동으로 가출청소년의 조기발견을 통한 가정복귀 및 복지적 지원
② 비행·폭력 노출, 약물중독, 성관련 문제 등 2차적 문제행동에 **빠지게** 될 가능성이 높아 초기 집중구호
③ 아웃리치 과정에서 발견된 가출청소년에게는 가정복귀를 돕거나 청소년

통합지원체계(CYS-Net)의 정보 및 자원을 활용해 쉼터보호 등 다양한 지원을 제공합니다.

63. Wee센터에 대해 설명하시오.
① 위기청소년을 돕는 전문적인 상담기관으로 도움이 필요한 청소년에게 진단, 상담, 치료의 일대일 원스톱서비스를 제공하고 있다.
② 학교, 교육청, 지역사회가 연계하여 학생들의 건강하고 즐거운 학교생활을 지원하는 다중의 통합지원서비스망이다.
③ 학교: Wee클래스, 지역교육청: wee센터, 시·도 교육청: wee스쿨 등이 있다.

64. 드림스타트(Dream Start) 사업이란 무엇입니까?
① 빈곤아동을 대상으로 한 집중적이고 예방적인 인적자본 개발을 통해 공평한 출발의 기회를 보장하는 사전 예방적·통합적 아동보호 서비스를 말합니다.
② 취약계층 아동의 건강한 성장과 발달을 지원함으로써 공평한 출발기회를 보장하고 궁극적으로 빈곤의 대물림을 차단하는 것이 목적입니다.

65. Help Call 청소년전화 1388에 대한 기능을 설명하시오.
① 청소년 긴급전화, 가출청소년 상담전화를 통합하여 지역사회 청소년통합지원시스템(CYS-Net)의 관문으로 운영하고 있습니다.
② 청소년상담, 긴급구조, 자원봉사 및 수련활동 정보제공, 인터넷중독치료 청소년관련 모든 문제에 대해 365일 24시간 원스톱서비스제공을 목적으로 합니다.

66. 청소년동반자(YC : Youth Companion)란 무엇입니까?
① 청소년동반자(YC : Youth Companion)는 청소년상담분야에서 자격과 경험을 갖춘 자로서, 위기청소년을 위해 지역사회 청소년협력자원을 발굴·연계하며, 그들과 지속적인 관계를 형성하고 지원할 수 있는 전문가입니다.
② 위기청소년을 위해 자격과 경험을 갖춘 청소년 상담전문가가 찾아가서 상담 및 심리, 정서적지지, 학습. 진로지도 등을 통해 청소년의 건강하

고 성공적인 삶을 지원 위기청소년이 정상적으로 사회에 복귀할 수 있도록 지원합니다.

위기 유형별 맞춤서비스 개요

위기유형대상	사업명	서비스	지원 내용
위기청소년	청소년동반자	상담 및 사례관리	직접 찾아가 상담, 긴급구조, 보호, 교육 등 1:1 맞춤형 서비스 지원
	특별지원	현물지원	생활, 건강 등 경제적 지원
가출청소년	쉼터 지원	쉼터 제공	생활지원, 상담, 의식주 등 보호서비스
비행청소년	예방적·회복적보호·지원	교육적 선도	비행 예방 및 회복프로그램
학업중단 청소년	해밀프로그램	학업지원	검정고시 지원, 학습클리닉 등 학습지원
취약계층 청소년	두드림존	자립지원	직업교육, 취업지원 등 진로 지원
다문화청소년 북한이탈청소년	무지개청소년센터 운영	사회정착 지원	조기정착, 사회복귀를 위한 정서·심리적 지원

③ I Will (청소년 인터넷중독), Wee(청소년 학교부적응 상담), Say(성교육센터) 등

67. 청소년 유해매체물이란 무엇입니까?

- 영화, 비디오, 게임, 음악, 공연, 인터넷 등 매체물 중에서 선정적이고 폭력적인 내용을 담고 있어 청소년의 이용이 부적합한 매체물입니다. 예를 들면, 19금 콘텐츠가 해당됩니다.

68. 청소년유해환경감시단(YP : Youth Patrol)이란 무엇입니까?

① 청소년보호에 관심갖고 활동 중인 민간단체를 청소년유해환경감시단으로 지정, 청소년선도·보호, 청소년유해환경 정화를 위한 감시·고발 활동을 수행하게 합니다.
② 청소년을 유해환경(유해매체·약물·업소), 유해행위(폭력·학대·성범죄)로부터 보호, 매체물의 유해성을 조사발표하고 관계기관에 시정을 요구하는 활동전개, 청소년보호법 위반사항 감시·고발 활동을 수행합니다.

69. 청소년자원봉사 두볼(Dovol)이란 무엇입니까?

- 두볼(Dovol)은 Do Volunteer(자원봉사하다)의 약자이며, 유일한 청소년자원봉사 사이트입니다.

70. 청소년 셧다운(Shutdown) 제도란 무엇입니까?
- 게임접속제한, 과도한 게임중독으로부터 청소년(16세 미만)들을 보호하기 위해 온라인게임 서비스 이용시간(오전 0시부터 6시까지)을 일부 제한하는 제도입니다.

71. 청소년지원센터-꿈드림이란 무엇입니까?
- 학교 밖 청소년에게 상담, 교육, 직업체험 및 취업, 자립지원 등의 다양한 새로운 꿈과 희망을 드리겠다는 의미입니다.

72. '청소년문화존'이란 무엇인지 설명하시오.
- 청소년의 건전한 여가 활용 육성을 위해 놀이마당식 체험공간에 지역적 특성을 살린 각종 문화 프로그램을 제공하는 사업으로 "청소년활동진흥법"과 국가청소년위원회의 '청소년문화존 조성지원계획 및 운영'에 따라 각 지자체에서 시행하고 있습니다.

73. 두드림존(Do Dream Zone) 사업이란 무엇입니까?
① 두드림존은 "꿈을 가지고 미래를 두드린다."는 의미
② 취약계층 청소년은 가정.학교.사회로부터 정서적 소외 및 좌절로 낮은 자존감과 사회적 기술부족, 부적응 등으로 진학과 취업포기 등으로 사회에서 중도탈락을 경험하는 경우가 많다.
③ 학교 교육을 받고 있지 않거나 학교 내 부적응을 겪고 있으며 경제적, 사회적, 심리적 자립에 어려움을 겪는 청소년이 올바르게 자립할 수 있도록 돕는 취약계층 청소년의 자립지원 프로그램입니다.
• 취약계층 청소년들에게 직업체험과 경제체험 등 청소년의 눈높이에 맞는 교육 등을 통해 참가자의 동기를 증진 시킨다.
• 여성가족부와 한국청소년상담복지원이 주관. 시, 도 청소년 지원센터, 시, 군, 구 청소년 센터 운영

74. '학교 밖 청소년'에 대해 설명하시오.
- 입학 후 3개월 이상 결석하거나 취학의무를 유예한 청소년과 제적·퇴학처분을 받거나 자퇴한 청소년 및 상급하교에 진학하지 아니한 청소년을 총칭하여 일컫는 용어입니다.

75. 이주배경청소년에 대해 설명하시오.

- 청소년복지지원법에 따라 다문화가족의 청소년과 그 밖에 국내로 이주하여 사회적응 및 학업수행에 어려움을 겪는 청소년을 말합니다.

76. 다문화청소년에 대해 설명하시오.

- 다문화는 문화적 다양성의 존재 자체를 의미하며, 다문화청소년이란 여러 나라의 생활양식이 한 국가나 사회 속에서 다른 인종·민족·계급 등 여러 집단이 지닌 문화가 함께 존재하는 사회에서의 청소년을 말합니다. 즉, 대한민국 국적자와 외국 국적자 간의 국제결혼으로 이루어진 가족의 자녀를 말합니다.

77. 청소년활동 프로그램 개발과정과 그것에 대해 설명해 보세요.

- 프로그램 기획 → 프로그램 설계 → 프로그램 마케팅 → 프로그램 실행 → 프로그램 평가의 순입니다.
  ① **프로그램 기획**: 청소년활동을 통하여 무엇을 할 것인가? 청소년활동프로그램을 왜 개발해야 하는가? 청소년활동을 어떻게 진행할 것인가?
  프로그램개발팀구성, 청소년기관 분석, 청소년특성분석, 프로그램개발타당성분석, 프로그램개발기본방향설정, 프로그램아이디어 창출, 청소년요구분석, 우선순위설정
  ② **프로그램 설계**: 기획단계에서 확인된 교육적 요구와 필요를 기초로 프로그램의 내용과 방법을 선정하고 조직하며 지도안을 개발하고 평가계획을 수립하는 과정. 프로그램목표설정, 프로그램 내용선정, 프로그램 내용계열화, 활동체계설계, 활동내용 설계 등...
  프로그램목적·목표진술, 프로그램내용선정, 프로그램내용계열화, 활동체계설계, 활동내용설계, 활동운영설계..
  ③ **프로그램 마케팅**: 홍보, 광고등을 통해 청소년활동 프로그램을 잠재적 고객들에게 알리고 그들의 참여를 적극적으로 유도하고 촉진시키는 방법에 대해 연구하고 분석하고 판단하는 포괄적인 개념.
  잠재적 참여자매칭, 프로그램마케팅방법결정, 프로그램마케팅자료/매체제작, 프로그램마케팅실행
  ④ **프로그램 실행**: 프로그램 목표를 달성해 나가는 과정. 프로그램을 제대로 실행하고 운영하기 위해서는 치밀한 사전준비와 점검, 그리고 실천

과정에서의 적절한 동기화 및 효과적인 지도전략이 투입되어야 한다.
청소년관리, 지도자관리, 활동자료관리, 자원관리(물적·시설지원)
⑤ **프로그램 평가**: 평가는 가치를 부여하고, 비평을 가하는 것을 의미.
프로그램평가(목적설정, 영역·준거확인, 지표·도구개발, 자료수집/분석, 평가보고)

78. 청소년프로그램 개발을 위해 어떤 점이 고려해야 하나요?

- 프로그램 개발은 단순한 경험보다는 과학적으로 검증된 이론에 바탕을 두고 체계적으로 이루어져야 하며, 좋은 효과를 기대하기 위해 프로그램은 장기적으로 실시하는 것이 바람직합니다.
① 프로그램의 실질적인 효과를 기대하기 위해서는 과학적으로 검증된 이론에 바탕을 두고 체계적으로 이루어져야 한다.
② 청소년을 총체적인 이해하고 통합적인 프로그램의 성격을 가져야 한다.
③ 프로그램은 목적에 따라 복합적인 성격을 가지고 있다.
④ 단기적 프로그램에서 많은 실질적인 효과를 기대하기 어렵기 때문에 장기적으로 실시하는 것이 좋다.
⑤ 청소년보호 프로그램은 청소년뿐 아니라 부모, 교사, 지역사회 인사 등 다양한 사람들이 참여하여 청소년들과 상호작용함으로써 그 효과를 크게 할 수 있다.

79. SWOT(스왓분석)이란 무엇인가요?

- 강점(Strength)과 약점(Weakness) : 내적자원분석, 기회(Opportunity)와 위협(Threat): 외적환경분석으로 위험을 불러오는 경영전략을 수립하기 위한 분석도구를 의미합니다.
SO: 강점으로 기회살리기 / ST: 강점으로 위험피하기
WO: 약점보완으로 기회살리기 / WT: 약점보완으로 위험피하기

80. 청소년의 신체적, 정서적, 인지적 특징에 대하여 설명해보시오.

① **신체적 특징** - 신체발달은 매우 빠르게 진행되고 급격하게 이루어지면서 성적으로 성숙하고 성 의식이 크게 변화됨. 남녀 간의 신체, 외모나 기능에 있어서 뚜렷한 차이를 나타내는 2차 성징이 나타남.
② **정서적 특징**- 청소년들은 성 충동의 급격한 증가로 인한 정서적 혼돈

(불안감과 과민성증대)을 경험함.-> 약물남용이나 폭주는 정서적 불안감이나 긴장감으로부터 스스로를 해방시키고자 하는 그들 자신의 생존전략일 수도 있음.
또한, 감정의 양가성 -> 존경심과 열등감, 의존과 자립 등...
부모님을 사랑하면서도 기성세대에 대해 보수적이고 경멸, 반항하는 태도를 가짐.
③ **인지적 특징** - 추상적 개념을 이해하고 논리적 사고
형식적조작의 사고 -> 가능한 모든 대안을 통해 문제를 해결할 수 있고, 구체적인 사물에 의존하지 않고도 연역적 혹은 가설적 사고를 할 수 있으며 자신에 대해서도 깊은 추리와 탐색을 할 수 있게 됨.
또한, 자기 상상의 틀에 빠져서 현실을 망각하기도 하지만 청소년 후기가 되면서 점차 현실적·합리적 사고를 갖게 됨.
④ **사회적 특징** - 부모로부터 개별화,가정으로부터 독립, 자아정체감 확립, 동성이나 이성친구 등 또래집단에 몰입, 또래집단과의 상호작용 -> 사회화 과정의 기초

81. 청소년기의 특징인 '개인적 우화'에 대해 설명하시오.
① 자신은 타인과 다른 경험을 하는 특별하고 독특한 존재이므로 자신의 감정이나 경험세계는 다른 사람과 근본적으로 다르다고 믿는 청소년기 자아중심성 형태를 말합니다.
② 자신을 불멸의 존재로 착각하여 무모한 행동을 일삼는 것
• 슈퍼맨-높은 곳에서 뛰어내려도 나는 다치지 않아

82. 청소년기의 특징인 '상상 속의 청중'이란 무엇인지 설명하시오.
① 타인의 시선을 과도하게 의식하는 동시에 자기만의 세계에 푹 빠져 있는 현상이다.
② 자의식 과잉으로 자신이 타인의 집중적인 관심을 받고 있다고 착각, 과장된 행동, 남이 의식하지 않는 실수에도 고민
• 여학생 남학교에 가면 모든 학생이 나를 보고 있다는 착각

83. 우리나라 청소년문화의 특징 5가지만 설명하시오.
① 학교 교육과 밀접한 관련을 가지고 있습니다.
② 대중문화에 크게 의존하고 있습니다.
③ 논리성이 약하고 감각적이며 감성적인 성향이 높습니다.
④ 개인적 선호도를 굉장히 강조하는 문화입니다.
⑤ 다양성 및 물질적 가치를 매우 강조하고 있습니다.

84. 또래문화에 대해서 설명하시오.
① 또래집단끼리 느끼는 감정, 행동, 습관, 규칙, 흥미 등 또래집단 구성원들의 모든 생활양식을 말한다.
② 청소년들은 또래문화를 통해서 서로를 이해하고, 갈등을 해결해 나가는 방법 등을 배우게 된다.
③ 또래문화는 올바른 사회화와 자아정체감의 형성에 커다란 영향을 미친다.
④ 따라서 하나의 또래문화로 거듭나기 위해서는 구성원들 간의 적어도 하나 이상의 공유되는 특성이 있어야 한다.

85. 게임문화에 대해서 설명하시오.
① 게임문화는 청소년의 고유한 문화적 특성을 언급하기 위해 가장 많이 언급되는 문화현상 중의 하나이다.
② 자본주의 논리로서 게임산업이 성장산업인 것은 맞지만 폭력성과 잔인성, 음란성이 뒤죽박죽 섞인 자극성 높은 게임을 청소년들에게 무방비로 노출시킨 것은 문제가 있다.
③ 게임문화에 대한 대책을 생각해 보자면 잔인성, 음란성을 배제한 청소년에 적합한 게임개발과 학습성을 가미한 게임을 만들어야 한다.
④ 게임의 사용연령을 표기하고 일정한 시간이 지나면 자동으로 꺼지는 등의 프로그램을 심어 자연스럽게 멈출 수 있는 방안도 연구해야 한다.

86. 청소년 팬덤문화란 무엇인가?
- 팬덤은 어떤 대중적인 특정 인물이나 분야를 열성적으로 좋아하는 사람들이나 그러한 문화현상을 말한다. 맹목적인 스타 사랑으로 인해 팬덤이 보여주는 집단행동은 사회문제가 되기도 한다.

- 우상화가 일방적인 대중스타에 대한 동일시와 숭배·모방 개념이면, 팬덤 문화는 팬의 주체적 참여 성향이 뚜렷하여 스타와의 일방적 관계를 벗어나서 자신들의 문화지대를 창조하고 확장하여 신성성이 강조되는 스타의 허상을 실재처럼 포장하는 이미지를 실제로 치환시켜 스타와 팬과 동등관계 확보하는 점에서 차이가 있습니다.

87. 오이디푸스 콤플렉스(Oedipus Complex)란 무엇인가요?
- 오이디푸스 콤플렉스는 남아가 어머니를 애정의 대상으로 느끼고 아버지를 경쟁상대로 느끼는 것입니다.

88. 엘렉트라 콤플렉스(Electra Complex)란 무엇인지 설명하시오.
- 엘렉트라 콤플렉스는 딸이 아버지에게 애정을 품고 어머니를 경쟁자로 인식하여 반감을 갖는 경향을 가리키는 정신분석학 용어를 의미합니다.

89. 청소년기에 "또래집단(Peer Group)"이 중요한 이유는 무엇인가요?
- 또래집단은 주로 놀이를 중심으로 비슷한 나이의 어린이들이 형성한 집단으로, 공통적인 가치관과 문화를 공유하여 소속감 및 자신의 존재감을 확인할 수 있고, 성인기로의 원만한 이행이 중요하기 때문입니다.

90. 청소년들이 요즘 대중음악에 빠져 있는 이유가 무엇이라고 생각하는가?
- 지금 현재 청소년들이 여가를 활용할 수 있는 다른 환경이 준비되어 있지 않아 쉽게 접할 수 있는 방향을 선호하면서 빠르게 시대 흐름을 타고 있는 것 같습니다.

91. 요즘 청소년들에게 유행하는 음악에 대해 개인적인 의견을 말하시오.
- 오늘날 청소년들의 음악문화는 시대흐름의 영향을 받아 빠르게 변화하는 과정에서 청소년 음악도 변화하고 있으며, 상호 공감할 수 있어야 합니다.
- 시대가 빨리 흘러가는 것을 피부로 느낌, 노래를 구사하는 가사가 알아듣

지 못하게 빠르고 박자도 빨라지고 있음. 이 모든 것이 현대시대 흐름이 빠르게 변화하는 과정에서 청소년 음악도 변화하는 것으로 봄. 시대적 변화는 대세이며, 변화는 수용하여야 함.

92. 청소년 언어의 순기능과 역기능을 설명하시오.
① 순기능은 서로 간에 이익이 보장되고 의사소통이 빠르며 청소년들의 스트레스 해소의 한 방법으로 또래집단 구성원들 간의 소속감이 강화된다고 볼 수 있습니다.
② 역기능은 청소년과 기성세대 간의 세대차가 발생하며 패거리 문화를 구축하고, 청소년들의 사고와 행동이 언어에 의해서 물들어 사전에서 찾아볼 수 없는 단어들을 빠르게 사용함으로써 국어체계가 흔들린다고 생각합니다.

93. 우리나라 청소년 언어의 개선 방향은 무엇입니까?
- 청소년 언어의 유음화 유도, 언어와 속어 사용 지도, 청소년의 스트레스 해소 문화공간 확보, 정화된 언어사용 지도, 대중매체 언어사용 규제 강화 등을 들 수 있습니다.

94. 청소년기의 심리적 부적응에 따른 장애는 무엇인가요?
① 공황장애(뚜렷한 이유도 없이 갑자기 극도의 두려움과 불안을 느끼는 불안장애의 일종),
② 조현병(심한 신경 생물학적 부적응 반응으로 인지기능, 지각기능, 감정, 행동, 사회적 활동이나 대인관계 등에 어려움을 나타내는 정신질환),
③ 강박장애(불안장애의 하나로서 자신의 의지와는 상관없이 어떤 특정한 사고나 행동을 떨쳐버리고 싶은데도 시도 때도 없이 반복적으로 하게 되는 상태),
④ 외상 후 스트레스 장애 등이 있습니다.

95. 청소년기 대중적 스타를 바라보는 관점은 무엇입니까?
① 긍정적 관점은 청소년 자신의 자아정체감 형성 도움, 다양한 문화경험 공간, 적극적인 사회참여로 스스로가 사회변화 주체라는 경험. 자기인식 촉진하여 정체감을 형성. 청소년기 긴장과 갈등, 현실불만과 억압된

욕구들의 대리분출로 스트레스 해소. 창조적 소비 경험 누리고 이를 통한 창조적소비자 및 문화 생산자로서의 경험을 할 수 있습니다.
② 부정적 관점은 대중스타의 실재를 보지 못하고, 허상적 이미지에 집착하여 성장·발달에 장애를 초래할 수 있습니다.

96. 요즘 청소년문화에 있어서 사회적으로 나타나는 현상은 무엇인가?

① 거리낌 없는 사생활 공개가 일반적이다.-인터넷상에서 자신을 들여다보는 사람은 자신 이외에 존재하지 않으므로 타인을 의식할 필요없이 표현함
② 대화보다는 휴대폰 문자가 더 편해졌다.-PC통신 일반화되며 채팅으로 대화하며 문자압축해서 사용. 이모티콘 등장
③ 무의미한 것에 대한 몰입이다.-성인들이 볼 때 도저히 납득하지 못하는 의미 없는 일에 몰입하며 시간보냄
④ 대중매체와 뉴미디어의 폐단이다.-폭력과 선정성 난무. 기업의 논리 안에서 모든 시장 세력이 형성, 이윤을 창출하기 위한 경쟁체제에 청소년 방치
⑤ 성인들에 대한 존중감이 과거와 달리 상당히 결여되어 있다.
⑥ 연예스타를 추종하는 방법이 과거와 많은 차이를 나타낸다.-자신들의 스타를 그들이 원하는 방향으로 바꾸어 가려함
⑦ 휴대전화는 청소년의 만능열쇠다.-기상알람, 사진촬영, 동영상, 게임, 영화감상, TV시청, 음악 감상 등 수많은 기능활용

97. 청소년문화의 성격에 대하여 설명하세요.

① 미숙한 문화, 비행문화(문제행동을 일으키는 존재),
② 하위문화(사회의 하위집단),
③ 대항문화 혹은 반문화(기성세대에 대항하는 존재),
④ 새로운 문화(사회변화에 민감하게 반응하여 독창적인 삶을 살아가는 존재)로 설명할 수 있다.

98. 요즘 청소년문화에 대해 어떻게 생각하는가?

- 본인이 좋아하는 문화에 대해서는 어려움이 있더라고 최선을 다해 극복

하여 최고가 되려고 하는 강한 의지력을 보이므로 앞으로 우리나라 청소년들은 세계 속의 주역이 될 것입니다.

99. 청소년의 문화가 왜 중요한지 그 이유를 설명해 보시오.
① 청소년문화는 가족과 사회, 아동과 성인의 중간매체로서의 역할을 한다
② 대중문화와 주도문화 사이에 잠재하는 긴장을 창조적으로 해소하여 조화를 이루게 하고 주류문화의 발전, 민주화, 인간화를 촉진한다.
③ 방황하는 젊은이에게 인생의 안내자 역할을 하며 규범과 가치관을 제시해 주며, 젊음의 격정과 낭만을 건설적으로 승화시켜 그들의 정력을 건전한 문화창조로 전환시켜 주기도 한다.
④ 청소년기에 안정감과 소속감을 제공하여 이탈행위를 줄여주는 기능을 갖는다.
⑤ 기성세대로 하여금 젊은이를 이해하게 하고 기성세대의 지나친 이해 타산적이고 현실적인 생활을 반성케 하여 쇠퇴해 버린 젊음을 다시 회복할 수 있는 자극을 줌으로써 활력소 역할을 한다.
- 이처럼 청소년 문화가 가진 중요성을 파악하고, 교육적이고 창조적인 활동성을 중시하여 보다 건전하고 유익한 청소년들의 활동무대요, 호흡의 대기가 될 수 있도록 육성하고 발전시켜야 한다.

100. 청소년문제란 무엇이며, 그 내용과 영역에 대해 설명해보시오.
① **청소년 문제**: 사회문제의 한 부분으로서 특히 '청소년 시기'에 청소년과 관련하여 일어나는 '제 문제'를 가르키는 말로서 약물중독이나 폭력, 범죄와 같은 일탈행위와 함께 청소년들의 번민과 갈등 등을 모두 포함하는 개념이다.
② **청소년 문제의 내용**: 청소년 문제에 대한 광의의 개념을 통해 살펴보면, 청소년 문제의 내용 역시 그들의 반사회적 행위는 물론, 일탈 행위, 비행뿐만 아니라 여러 가지 부적응행동과 고민거리 등이 모두 포함된다고 할 수 있다.
- **비행** - 청소년비행이라 함은 12세 이상 19세 미만의 청소년들이 저지르는 범죄행위, 촉법행위, 우범행위 등을 말한다.
- **비사회적 행동** - 자살, 약물 오남용, 인터넷중독 등과 같이 타인에게 직접적인 해를 끼치기보다는 자신의 건강과 성격, 발달을 저해할 수 있

는 도피적, 자해적 행동을 말한다.
- 청소년들의 고민거리나 부적응 행동에는 정서 장애, 학습 부적응, 가치관 갈등과 같은 개인적 문제와 정치적 무관심과 냉소주의 등과 같은 사회적 문제가 해당된다.

101. 집단따돌림의 원인과 해결책에 대하여 이야기해 보시오.
- 자신을 과시하고픈 욕구와 질투로 친구 따돌리기 시작한다.
  ▶ 원인.
  ① 사회적으로 고립되어 있다는 것이다. 친구가 별로 없고 대화를 나누지 않으며, 공동의 관심사나 활동에 참여하지 않는다.
  ② 행동이 부산하고 주의가 산만하다.
  ③ 특이한 외모 혹은 행동 특성을 가진 아이의 경우 또래 아이들의 주목을 받게 되고 동시에 놀림의 대상이 된다.
  ④ 신경질적이거나 공격적인 특성을 갖고 있는 경우가 많다.
  ⑤ 자기주장이 별로 없고 유머 능력이 결여된 아이다.

  ▶ 대안책.
- 아이가 왕따를 당하게 되면 부모는 아이의 고통스러운 마음을 이해해주면서 적극적으로 대처하는 것이 중요하다.
  ① 아이가 어려서부터 또래와의 관계를 스스로 맺고 또 여기에서 생기는 갈등을 자신이 해결하도록 지도해야 한다.
  ② 자기주장을 적절하게 표현할 수 있게끔 항상 아이의 말에 귀를 기울여야 한다.
  ③ 아이가 공격적이거나 충동적인 행동을 보일 때는 단호하게 제지해야 한다.
  ④ 다른 사람의 마음을 읽고 배려할 줄 아는 아이로 길러야 한다.
- 왕따는 당하는 아이, 혹은 왕따를 시키는 아이 모두 개인의 문제가 아니다. 아이들의 마음을 병들게 하는 왕따 현상이 더 이상 일어나지 않도록 하기 위해서는 부모나 교사의 노력이 무엇보다 중요하다. 아이에게 잘못을 따지고 다그치기보다는 부모가 먼저 주의를 기울여 올바르게 지도하도록 하자.

102. 청소년 지도방법의 원리는 무엇인가요?

- 청소년지도자가 청소년을 지도하는 데 있어서 유념하고 따라야 할 지침으로는 ① 존중의 원리 ② 자기주도의 원리 ③ 활동중심의 원리 ④ 맥락의 원리 ⑤ 다양성의 원리 ⑥ 협동성의 원리 ⑦ 창의성의 원리 ⑧ 효율성의 원리 등을 들 수 있습니다.

103. 경험학습의 진행과정은 무엇입니까?

- 경험학습의 과정은 ① 구체적 경험 → ② 반성적 관찰 → ③ 추상적 개념화 → ④ 적극적 실험 등 네 단계로 구분합니다.

104. 청소년 여가의 문제점은 무엇입니까?

- 피부로 느낄 수 있는 시간 부족, 경제적인 문제, 여가공간과 시설의 부족 등을 문제점으로 말할 수 있습니다.

105. 청소년 문제에 대한 자신의 생각, 대처방안?

- 청소년문제의 가장 큰 원인은 가족문제라고 생각합니다. 가족의 문제를 모든 가족으로 지원해 해결해 주면서 완충역할로 지역사회가 청소년들에게 유익한 환경이 되고 지역사회 청소년이 이용 가능한 여가시설, 수련시설들이 다양해지고 활성화되어야 한다고 생각합니다.

105-1. 요즘 청소년의 문제점에 대한 의견을 말해보세요.

- 부모님들의 일방적인 양육방식으로 자녀에게 통제는 하지 않고 무한정으로 사랑만을 주는 것이 자신만을 생각하는 개인주의에 빠지게 하거나, 물질만능주의로 도덕적 가치를 잃어가고 있는 점입니다.

106. 요즘 청소년문화 중 바뀌어야 하는 사례를 말해보세요.

① 스마트폰이나 휴대폰에 집착하여 가족과 대화가 단절되는 경우이다.
② 식당에 가면 요즘 아이들은 휴대폰에만 집착하고 있고, 휴대폰을 통해 동영상을 보고 영화를 보고 수시로 문자로 연락한다.
③ 스마트폰 시대는 필요악이지만 대중들 앞에서 몰입하는 자세, 오랜 시간 전자파 등 올바른 휴대폰문화를 위한 교육이 필요하다.

107. 대중문화가 청소년에게 미치는 부정적 가치관은 무엇입니까?
- 비 지향적 가치관, 쾌락 지향적 가치관, 환상적 가치관, 현실 도피적 가치관 등입니다.

108. 요즘 청소년의 무기력에 대한 해결방법을 설명하시오.
① 가정과 학교에서의 무기력 형성은 부모나 교사와 아이들의 세대 차이에서 자연스럽게 오는 현상입니다.
② 현재 청소년이 원하는 것이 무엇인지, 현실적으로 그것을 어떻게 채울 수 있을지에 대해 함께 고민해 주고,
③ 부모님께서 감당 가능한 대안들 중에 청소년 스스로 결정할 수 있도록 도와주시는 것이 필요할 것으로 생각합니다.

109. 학교폭력의 대체방안은 무엇인가?
① 학교폭력 예방을 위해서는 학교문화 개선이 무엇보다 중요하다.
② 학교문화 선진화 방안을 마련해 다양한 폭력 예방교육과 창의·인성교육을 추진하고 있다.
③ 학생 자치활동, 교사와의 상담도 더욱 강화해야 한다.
④ 피해자뿐만 아니라 가해자 학생들을 변화시키는 교육이 제대로 이루어져야 한다.
⑤ 예방을 위해 학교문화 개선, 폭력 예방교육, 학생 자치활동, 상담강화 등이 필요하다.
⑥ **대처방안은**
- 실태의 정확한 파악
- 피해학생에 대한 지지와 보호(피해자나 가족들의 치유·회복 프로그램을 실시)
- 가해학생과 가해 위험집단에 대한 예방활동
- 폭력예방교육, 훈련프로그램 활용
- 지역사회 기관과의 협력(사전기조, 처리의뢰)
- 학교환경과 사회환경 변화유도 등이 있습니다.

110. 우리나라 학교교육의 문제점을 3가지만 설명하시오.
① 수단화, 도시화, 비인간화입니다.

② 사회계층과 지역에 따라 불평등이 증가하고 있습니다.
③ 교사의 학생 지도력 약화, 교사에 대한 존경과 신뢰감이 상실되고 있습니다.

111. 인터넷중독, 약물중독, 청소년 지도방안?
① **인터넷중독** : 인터넷 때문에 자신이 잃고 살아가는 것이 무엇인지 파악할 수 있도록 하고 청소년들의 여가활동과도 밀접한 관련이 있으므로 대학 입시제도의 개선 등으로 학업부담을 정신적으로 감소시켜야 한다.
② **약물중독** : 청소년들을 대상으로 종합적인 예방교육과 올바른 약물사용을 지도하고 약물남용의 폐해에 대한 설명과 거절할 수 있는 방안 등을 교육하여야 하며, 학교에 전문가를 파견하여 효과적인 예방교육과 지도가 필요합니다.

111-1. 인터넷중독의 원인과 그에 대한 본인의 해결책을 제시해 보고 국가차원의 대응방안은 무엇이 있는지 이야기해 보시오.
- 청소년의 여가활동의 많은 부분이 인터넷 사용.
① 인터넷중독의 원인 - 현실에서 이루지 못한 걸 이루고자 하는 욕망, 대인기피 등.
② 해결책 - 현실에서 즐거움, 컴퓨터를 멀리함. 다른 취미 갖기, 인터넷중독 상담전화 1388
 ※ 여성가족부 인터넷중독 대응정책
① 청소년스스로지킴이운동 등 미디어교육프로그램 확대보급
② 한국청소년상담원중심으로 청소년지원(상담)센터를 연결하여 예방상담 기반을 구축
③ 심각한 인터넷중독 치료·재활을 위해 전구의 정신보건센터 및 치료협력 병원 연계를 통한 치료서비스 지원

112. 청소년이 인터넷에 빠지는 이유는 무엇이라고 생각합니까?
- 청소년들은 현실 속에서 억제되었던 욕구를 분출시키기 위해 인터넷을 이용하여 욕구를 충족시키며, 친구들끼리 유대관계를 즐기는 과정에서 인터넷에 몰입하게 됩니다.

113. 사이버(Cyber)공간이 청소년에게 미치는 긍정적 영향 3가지와 청소년 사이버문화의 문제점은 무엇인지 설명하시오.

① 긍정적 영향은
- 다양한 주체적 활동경험 제공입니다.
- 새로운 만남과 소통관계 제공입니다.
- 독립성과 자율성을 높이는 기회 제공입니다.

② 청소년 사이버문화의 문제점은 불법복제, 사이버 언어폭력, 사이버 성폭력, 해킹, 크래킹, 바이러스 유포, 허위정보 유포 등이 있습니다.

114. 청소년 사이버 불링(Cyber Bullying)이란 무엇입니까

① 사이버 불링(Cyber Bullying)이란 한마디로 특정인을 사이버상에서 집단적으로 따돌리거나 집요하게 괴롭히는 행위를 말합니다.
② 모바일 메신저를 통해서 언어폭력이나 왕따를 당하는 것을 의미합니다.
③ 스마트 블링을 당하는 친구들은 등교거부와 불안, 수면장애 등의 심각한 후유증을 겪게 되며, 심한 경우는 자살을 시도하기도 합니다.

115. 청소년에게 스마트폰이 미치는 역기능은 무엇입니까?

- 각종 음란물, 폭력적 게임, 영화 등을 무차별적으로 접하게 되어 건전한 의식발달에 악영향을 주고 있습니다.

116. 인터넷을 통한 음란물 범람에 대해 어떻게 대처할 것인가?

- 청소년들의 인터넷 사용을 무조건 통제하는 것보다는 스스로 통제할 수 있도록 교육하고, 학교의 성교육이 현실적인 교육내용을 담아서 홍보하고, 사이버상의 윤리교육을 강화해야 한다고 생각합니다

 또한, 악플을 달아 무차별 인격 침해가 되지 않도록 학교와 가정에서 교육이 필요하다고 봅니다.

117. 청소년 인터넷중독에 대해 전반적인 내용을 설명하시오.

① 의미: 스마트폰을 항상 들고 다니면서 스마트폰이 없으면 불안증세가 나타나는 등 불안증세가 심해지고 강박증이 발생합니다. 또한, 인터넷 사용을 통해 내성, 금단현상, 갈망, 삶의 부정적인 영향(직업상실, 재정적 어려움, 대인관계 장애 등)이 나타날 수도 있습니다.

② **원인**: 가장 큰 이유 중의 하나가 사이버공간의 소통으로 인한 만족감을 느끼기 때문입니다.
  • **인터넷자체특성**: 익명성보장으로 현실에서 경험 못하는 새로운 이미지를 구현할 수 있고, 시공간 제한이 없으므로 현실에서 어려운 일이 쉽게 경험가능하다.
  • **개인적 요인**: 낮은 자기통제력, 감각추구적 성향, 강한 충동성과 공격성을 갖는다.
  • **사회환경적 요인**: 부모의 통제적이고 비난적인 태도로 의사소통이 잘 되지 않는다.
③ **예방법**: 컴퓨터의 사용시간을 줄이게 하고, 건전한 취미활동을 유도하는 노력이 필요하며, 인터넷 사용을 일정 시간 정해주고, 자기만의 폐쇄공간이 아닌 열린 공간에서 활용할 수 있도록 하는 것도 하나의 예방법입니다.

118. 맞벌이부부 증가로 인한 나 홀로 청소년의 증가에 따른 문제점은 무엇입니까?

① 인터넷중독, 범죄노출 위험, 비만으로 이어질 확률이 높다.
② 여가·문화활동, 학습활동 부족으로 성적부진 등의 문제점이 나타날 수 있다.
③ 대책은 방과 후 학교, 방과 후 아카데미, 돌봄교실, 지역아동센터, 찾아가는 돌봄서비스 등이 있다.
④ 열쇠청소년은 자기가 열쇠로 집의 대문을 닫고 등교해 자기가 하교 후 집의 문을 열고 다니는 아이를 말한다.

119. 가출팸이란 무엇인지 설명하시오.

- 가출패밀리의 준말로 채팅에서 만난 청소년들이 오프라인에서 만나서 3~4명씩 다니면서 PC방, 여관, 모텔 등에서 어울리며 지내는 경우입니다.

120. 청소년집단에서 패거리 집단이란 무엇입니까?

- 비슷한 성격과 특성을 지닌 청소년들이 어울려 다니는 형태로 사회적 평판이나 고정관념에 의해 유지되는 집단입니다.

121. 가출청소년의 선도방안 및 예방대책은 무엇인가요?
① 가출청소년은 가족문제, 학교문제 등 여러 요소들의 복잡한 상호작용으로 발생합니다. 무엇보다도 조기예방이 가장 중요하며, 가족구성원 간의 대화환경 조성, 흥미와 적성을 고려한 학교교육과 올바른 교유관계 등 우리 사회의 따뜻한 관심이 필요합니다.
② 예방대책은 중장기 청소년쉼터의 기간을 보완하여 실제 가출청소년들이 독립할 때까지 장기간 보호할 수 있는 보호시설이나 가출원인을 해결해 줄 수 있는 완충역할이 필요하다고 생각합니다.

122. 약물중독 등 문제 청소년에 대한 국가적 대책은 무엇인가?
① 약물중독의 예방은 법적규제로 청소년들이 유해약물에 접근하는 것을 차단하는 것도 중요하나 부모와 학교, 지역사회가 청소년을 보호하기 위한 연계적 노력을 꾸준히 지속하는 것이 중요하다.
② 국가적 대책으로는 약물중독 집단프로그램과 전문치료기관과의 지속적인 연계 등이 있다.

123. 도가니법이란 무엇인지 설명하시오.
-「성폭력범죄의 처벌 등에 관한 특례법」개정안으로, 광주인화학교를 소재로 한 영화에서 비롯되었습니다.
① 장애인 여성과 13세 미만 아동을 성폭행했을 경우 유기징역 외에 무기징역까지 처할 수 있도록 규정하였다.
② 이들에 대한 성폭행 범죄의 공소시효도 폐지한다.
③ 장애인 시설 종사자가 성폭력범죄를 저지르면 가중 처벌할 수 있다.
④ '장애인에 대한 성폭력 등 인권침해 방지대책 특별위원회 구성결의안'을 채택하였다.

124. 성폭력에 대한 개인적 의견을 말해보세요.
① 여성가족부장관은 아동·청소년 성폭력 대책과 관련해 "아동 및 청소년에게 미치는 영향을 고려할 때 아동·청소년 성폭력범죄의 공소시효가 폐지돼야 한다."고 밝혔다.
② 아동 성폭력범죄를 줄이는 방법에 '왕도'는 없다. 예방이 최선이다. 특히 아동을 대상으로 한 성범죄는 조금만 신경을 쓰면 줄일 수 있다.

③ 피해아동의 지인들이 집에서 일으키는 아동 성폭력만 막아도 아동 성폭력 피해를 크게 줄일 수 있는 만큼 가정에서의 각별한 보호와 사회적 관심이 중요하다.
④ 오늘날 맞벌이 가정의 아이들이 홀로 남겨지지 않도록 하고, 이웃들의 세심한 주의와 관심도 필요하다.

125. 성폭력에 대한 대처법 교육을 말해보세요.
① 아동 성폭력이 아는 사람의 집에서 가장 많이 발생하는 만큼 대처방식도 이 부분에 초점을 맞출 필요가 있다.
② 아이에게 자신의 몸이 얼마나 소중한지를 가르쳐 주는 것이 중요하다.
③ 전문가들은 "엄마나 아빠 등 가족 외에 누구도 아이의 가슴이나 엉덩이, 성기 등 주요 부위를 함부로 만져서는 안 되며 더불어 다른 사람의 몸도 함부로 만져서는 안 된다고 일러주어야 한다."고 설명했다.
④ 아이에게 누군가 몸을 만지거나 만지려 할 때 자신의 기분이나 감정을 존중받아야 한다는 것을 인지시켜야 한다.
⑤ 아이들은 확실하게 싫은 것이 아니라 기분이 이상하거나 애매한 느낌일 때 혼란을 느끼는데, 그럴 때도 거부의사를 표현하는 법을 알려줘야 한다

126. 청소년 성매매의 원인과 대처방안은 무엇입니까?
① 사회 전반적인 성 상품화가 문제입니다.
② 인터넷 채팅을 통해 성매매가 자유롭게 이루어지고, 음란물이 무차별적으로 노출되어있는 점을 청소년들이 인식하고 주의할 수 있도록 성에 관한 실제 교육홍보가 필요합니다.
③ 무엇보다 성인들의 의식과 노력이 중요합니다.

127. 청소년의 자살과 예방대책에 대해 자신의 의견을 말해보세요.
① 청소년의 자살은 사전계획 없이 충동적이며, 자살을 미화하는 왜곡된 경향이 있어 동반자살 및 모방자살로 번질 우려가 있는 것으로 조기발견이 중요합니다.
② 특히, 청소년의 경우는 사전예방 교육이 중요하며, 무엇보다 가족과 학교, 사회에서의 관심이 중요합니다.

③ 가정에는 일관된 양육방식과 의사소통의 자유로움,
④ 학교에서는 있는 그대로 존중해주고 놀이거리를 만들어 주며
⑤ 사회에서는 언론매체의 필 점검 등이 중요합니다.

128. 청소년자살에 대해서 어떻게 생각하는가?

- 공격성향이 밖으로 표출되면 폭력, 살인으로 이어지고, 공격성향이 지나치게 억제되면 우울증으로 전개되는 우울증이 심하면 자살로 이어지기 때문에 문제가 심각하다. 문제가 되고있는 청소년 자살을 막는 길은 먼저 가정과 학교, 사회가 자살위협에 대한 심리적인 요인, 환경적인 요인을 사전에 제거할 수 있는 대응책에 대해 통합적인 안전망이 구축되어야 한다고 생각합니다.

129. 청소년 유해환경에 대하여 설명해 보시오.

① **청소년유해약물** - 주류, 담배, 마약류, 환각류
② **청소년 유해업소**.
 • 청소년의 출입, 고용금지
 • 청소년출입가능하나 고용금지된 업소->노래방, 비디오방, 카페, 호프집
③ **청소년통행금지구역** -> 레드존(청소년 보호법에 근거한 '청소년 통행금지구역'-윤락가등 청소년 유해업소 밀집지역 - 빨간줄 그어짐)
④ **'레드 존'** - 윤락가 등 청소년 유해업소가 밀집한 지역에 대해 자치단체장이 의무적으로 지정, 청소년의 통행을 원천적으로 금지하거나 일정한 시간 동안 제한하게 된다.

130. 청소년과의 의사소통에서 어려운 점과 개선방안은 무엇입니까?

① 의사소통의 어려운 점은 청소년들이 욕이나 비속어를 너무 많이 쓰고, 자신이 하는 말이 상처주거나 공격하는 말인지도 모르며, 자신의 감정과 생각을 정돈해 표현하는 법을 잘 모르기 때문이다.
② 개선방향은 의사소통의 방법, I-message를 실천, 말하기와 듣기의 중요성, 칭찬하는 법을 교육을 통하여 활성화시켜야 한다.

131. 청소년지도의 의의를 청소년육성과 관련지어 설명하시오.
① 청소년지도는 청소년육성에 포괄되는 하위요소로서
② 청소년의 전인적인 성장을 위한 교육적 방법이며, 청소년육성의 핵심영역이라 할 수 있습니다.
③ 따라서 청소년육성이 추구하는 지·덕·체를 조화롭게 갖춘 청소년의 균형 있는 성장은
④ 청소년지도의 적극적인 상호작용에 의해 달성될 수 있습니다.

132. 요즘 청소년들의 특징 중 성인들이 인정해야 할 점은 무엇입니까?
- 청소년은 진로와 고민이 많은 시기입니다. 스스로 어떤 문제나 상황에 의사결정을 하면 책임감도 있다는 걸 상기시키면서 결정에 대한 지지와 인정이 필요하다고 생각합니다.

133. 청소년프로그램 진행 시 청소년들과의 라포(Rapport)형성을 위한 전략은 무엇입니까?
- 개방적 분위기 조성과 질문에 적극적 반응을 보이며, 불완전한 답변에 격려를 하는 일입니다.

134. 청소년에 대해서 사회의 부정적인 시각을 극복하는 방법은?
① 청소년들이 기성세대와 다른 생각을 가지고 있는 것을 인정해야 한다.
② 오늘날 청소년의 모습은 변화를 추구하는 것이고, 발전을 이루기 위한 요소로 받아들여 준다.
③ 성인들이 청소년들의 재미와 호기심을 충족시키려는 본능을 이해해야 한다.

135. 청소년 상담과정에서 "공감적 이해"에 대해 설명하시오.
- 공감적 이해란 상담자의 입장에서 내담자의 사고, 느낌, 경험, 행동 등 내담자의 세계를 정확하게 이해할 수 있음을 내담자에게 전하는 능력을 말합니다.

136. 청소년들의 유흥업소 불법취업이 증가하고 있는데 그 원인은 무엇인가요.
- 최종적으로는 사회 전반적인 문제이기 때문에 어른들의 노력이 절실히 필요합니다.

137. 요즘 청소년의 관심을 알려면 어떻게 해야 합니까?
- 청소년을 열린 마음으로 대하고, 편견 없이 청소년의 눈높이에서 생각과 문화를 접할 수 있는 TV, 인터넷사이트, 대중문화 등 관심을 기울이는 노력이 필요합니다.

138. 청소년의 달에 대하여 설명해 보시오.
① **청소년의 달** - 청소년기본법에 의해 **매년 5월은 청소년의 달**로 정함(정책비전과 국민적 공감대 확산)
② **청소년주간** - 2008년부터 **매년 5월 넷째주를 청소년주간**으로 지정하여 우리의 미래세대를 이끌 청소년들이 꿈과 희망을 가지고 자신의 가능성을 더 크게 키우며 건강하게 성장할 수 있도록 지원하고 있습니다.
③ 청소년의 달 행사 - 청소년주간 기념식, 대한민국 청소년박람회, 다양한 체험행사 등.

139. 청소년기의 신체적 발달이 갖는 심리적 의미가 무엇인가?
- 신체상과 매력적인 것에 대한 문화적 기준은 청소년들의 신체에 대한 지각에 매우 강한 영향을 준다. 매력의 기준들은 가족, 또래친구, 사회와 대체로 의사소통한 결과이며 사회와 문화는 우리가 어떤 신체적 특성과 성격적 특성을 더 혹은 더 매력적으로 보도록 조건화하고 있으므로 사춘기의 신체변화에 대한 청소년들의 반응은 결국 부모, 대중매체, 그리고 다른 문화적 전달 수단에 의해서 청소년들에게 전달된 기준과 기대를 반영하는 것이다.

140. 에릭슨(Erikson)의 `자아중심성`이 말하고 있는 바를 설명하시오.
- '상상적 청중'은 청소년들이 타인의 사고에 대한 완전한 개념화를 이루면서 점차 사라지게 되며, '개인적 우화'는 인지적 성숙이 이루어지더라도 에

릭슨이 제안한 친밀감을 획득한 후에야 사라진다고 보았다. 즉 청소년기의 자아중심성은 인지적 측면에서는 자신의 관심사와 다른 사람의 사고 간의 점차적인 구분에 의해 극복되며, 또 정의적 측면에서는 자신의 감정과 다른 사람의 감정의 점차적인 통합에 의해 극복된다.

141. 청소년 비행과 이론들을 연결해서 설명해 보시오.
① 아노미이론
  - 프랑스사회학자 뒤르켕이 제시한 이론이며, 아노미현상은 규범을 벗어난 행동을 통제할 만한 장치가 와해된 것을 말한다. 그는 청소년문제는 바로 이와 같은 아노미현상에서 비롯된다고 보았다.
  - 머튼은 아노미이론을 정교화 시켰는데 문화적 목표와 제도화된 수단에 적응해 나가는 방식을 다섯 가지로 제시했다. (동조형, 혁신형, 의례형, 도피형, 반항형)
② 차별접촉이론
  - 서덜랜드의 이론으로 비행친구와의 접촉이 가장 중요한 문제행동의 원인이 되는데 비행친구와의 접촉빈도, 기간, 친밀도 등이 변수가 된다고 하였다.

142. 에릭슨의 자아정체감에 대해 설명하시오.
- 에릭슨(Erikson)은 청소년기를 자아정체감을 형성하는 결정적인 시기로 본다. 청소년기에 경험하는 관계들에 의해서 자아정체감을 형성하게 되며, 만약 청소년기에 자아정체감 위기를 성공적으로 극복하지 못한다면 부적절한 자아를 갖게 되어 일탈이나 비행과 같은 부적응적 행동을 보일 수 있으며, 건강한 성인으로서의 성장도 어렵다고 본다.
① 자기가 확립한 자아상, 자기다움. 시간의 흐름에 따라 본질적으로 불변하는 자기 자신에 대한 개인적 느낌이다.
② 자기 자신의 독특성에 대해 안정된 느낌을 갖는 것으로서, 행동이나 사고, 느낌의 변화에도 불구하고 내가 누구인가를 일관되게 인식하는 것이다.
③ 안정된 정체감을 형성하기 위해서는 신체적·성적 성숙, 추상적 사고 능력의 발달, 정서적 안정이 선행되어야 하며 동시에 부모나 또래 집단의 영향으로부터 어느 정도 자유로울 수 있어야 한다.

143. 프로이드의 발달단계와 특성에 대해 설명하시오.

- 프로이드는 인간의 성격은 명확하게 구분할 수 있는 5단계를 거쳐서 발달한다고 보았다. 각 단계마다 정신(원초아, 자아, 초자아)이 각기 다른 자각 수준(의식, 전의식, 무의식)에서 그 기능을 담당한다고 보았다.
  ① 구강기/구순기 (0-1세)
  ② 항문기 (1-3세)
  ③ 남근기 (3-6세)
  ④ 잠복기 (6-12세)
  ⑤ 생식기 (12세 이후)
  - 청소년기는 앞 단계에 잠복되어 있던 성 에너지가 무의식에서 의식의 세계로 나오게 된다. 신체적, 생리적 능력 역시 갖추고 있는 시기이다. 이 시기를 순조롭게 넘긴 청소년은 이타적인 사람으로 성숙하게 된다.

144. 프로이트와 에릭슨의 발달과정을 설명하시오.

① **프로이트(Freud)**는 인간의 성격구조가 원초아(id), 자아(ego), 초자아(superego)로 구성되어 있으며, 이 3가지 요소가 서로 상호작용을 한다고 보았다.
  - **성격발달 5단계** : 구강기(0~1세), 항문기(1~3세), 남근기(3~6세), 잠복기(6~12세), 생식기(12세 이후)
② **에릭슨(Erikson)**은 인성의 발달을 생물학적 차원, 사회적 차원, 개인적 차원 등 3가지 차원들 간의 부단한 상호작용의 결과로 본다.

- 에릭슨은 인간의 발달단계를 8단계로 구분하고, 각 발달단계마다 해결해야 할 중요한 발달과업과 위기가 있는데, 이러한 과업과 위기를 성공적으로 달성할 때 개인이 건강하게 발달할 수 있다고 주장하였다. 인간발달과 관련하여 최대의 관심을 기울여야 할 것은 자아라고 보았으며, 프로이트(Freud)와는 대조적으로 자아를 자율적인 성격구조로 보았다.
  - **인간발달 8단계** : 신뢰 대 불신(생후 1년까지), 자율성 대 수치심과 의심(2세경), 주도성 대 죄책감(3~5세경), 근면성 대 열등감(초등 학령기), 정체성 대 혼돈(청소년기), 친밀감 대 고립감(20~40세), 생산성 대 침체성(중년기), 자아통합 대 절망(노년기) 단계

시 기	심리사회적 위기	프로이트 발달단계
유아기 (출생~1년 또는 18개월)	신뢰감 대 불신감	구강기
초기아동기 (1년 또는 18개월~3세)	자율성 대 수치심·회의	항문기
학령전기 또는 유희기 (3~5세)	주도성 대 죄의식	남근기
학령기(5~12세)	근면성 대 열등감	잠복기
청소년기(12~20세)	자아정체감 대 정체감 혼란	생식기
성인 초기(20~24세)	친밀감 대 고립감	
성인기(24~65세)	생산성 대 침체	-
노년기(65세 이후)	자아통합 대 절망	

145. 피아제의 인지발달이론을 설명하시오.

- 피아제(Piaget)는 인간의 인지발달은 네 가지 단계를 거쳐 발달한다는 인지발달이론을 제시하였습니다. 인지발달이란 인간이 살아가면서 주변환경과 끊임없는 상호작용을 통해 현상을 지각하고 평가하며 이해하는, 즉 지적인 능력을 습득하는 과정이다.
- 인지발달 4단계 : 감각운동기(0~2세), 전조작기(2~6세), 구체적 조작기(6~12세), 형식적 조작기(12세 이후)

(1) 피아제(Piaget)의 형식적 조작사고 이론
  ① 피아제는 청소년 또는 청년기를 그의 인지발달이론의 마지막 단계인 형식적 조작기로 규정하고 있다.
  ② 청소년들은 여러 현상에 대해 가설을 설정할 수 있으므로, 구체적이며 실재론적인 아동기 사고의 한계를 벗어나 가능성에 대해 생각할 수 있다. 청소년기가 되면 아동기와는 반대로 먼저 가능한 사태에 대한 이론을 설정하고, 가능한 것에서 경험적으로 실재하는 것으로 사고가 진전된다.
  ③ 가능한 모든 변인을 탐색할 수 있는 청년기 형식적 조작사고는 여러 명제 간의 논리적 추론을 다루는 명제적 사고를 가능하게 한다.
  ④ 청년기 가설-연역적 사고의 발달은 추상적이며, 융통성 있는 사고를 가능하게 한다.
(2) 청소년의 사회인지발달

① 사회인지
- 사람과 관련되는 모든 대상의 제반 특성에 관한 사고와 판단을 의미하는 대단히 광범위한 개념이다.
- 사회적 행동이 대인관계에서 나타나는 표면적 특성이라면, 사회인지는 대인관계나 사회적 조직 내에서 사회적 행동을 결정하는 내재적 과정이다.
- 사회인지의 대상에는 자기, 타인 및 사회적 관계가 포함된다.

146. 마르샤의 정체감 지위 이론을 설명하시오.

- 마르샤(Marcia)는 개인들의 정체감 형성 수준을 진단하기 위해 두 가지 기준을 정하였다. 하나는 정체성 위기의 경험 유무(즉, 정체감을 갖기 위해 노력하는가?)이고, 다른 하나는 과업에 대한 전념 유무(즉, 무엇인가에 전념하고 있는가?)이다. 이 두 기준의 유무에 따라 정체성을 정체감 혼미, 정체감 상실, 정체감 유예, 정체감 성취의 네 가지 유형으로 분류하였다.

① **정체감 혼미** : 위기X, 전념X
→ 자아정체감을 찾지도 못하고 찾으려고 하지 않는 상태이다. 스스로 의문을 가져본 적도 없고, 어떤 일을 왜 하는지에 대해서도 관심이 없는 상태로 많은 비행청소년들이 이런 상태에 있다.

② **정체감 상실** : 위기X, 전념O
→ 스스로 생각하거나 의문을 갖지 않고, 타인의 가치를 받아들이는 상태

③ **정체감 유예** : 위기O, 전념X
→ 아직 자아정체감이 형성되어 있지 않아서 불안하고 긴장되어 있기는 하지만, 진지하게 삶을 바라본다. 정체감에 대한 의문을 가지고 정체감을 가지려고 노력하지만, 확신이 없어 자신의 역할이나 과업에 몰두하지 못하고 있는 상태

④ **정체감 성취** : 위기O, 전념O
→ 자아정체감을 성공적으로 성취해낸 경우이다. 삶의 목표, 가치, 인간관계 등에서 위기를 경험하고, 이를 극복하기 위한 노력을 통해 자아정체감을 확립한 상태로, 현실적이고 안정감이 있으며 자아존중감이 높은 상태

Ⅲ. 창의력과 의지력, 지도력

1. 자신의 강점과 단점을 청소년지도에 활용한다면?
- 강점은 최대한 청소년지도에 활용하고 접목시키며, 단점은 더 보완하고자 하는 필요성을 설명해야 한다.
  • (나만의 답을 생각해 보세요~~~)

2. 청소년들의 흥미를 유발하면서 프로그램을 진행할 수 있는 방법을 설명하시오.
- 청소년들의 자발적 참여를 통해 욕구를 파악하고 이에 상응하는 프로그램을 개발하여 진행하는 과정에서 흥미를 유발할 수 있다고 생각합니다.

3. 친구관계는 두 사람 간의 관계이므로 한 사람의 노력만으로 갈등이 해소되지 않는다. 이 경우 바람직한 친구관계의 갈등을 해소하려면 어떻게 해야 되는가요?
① 갈등을 인정하고 서로 솔직해야 합니다.
② 친구와의 차이점을 인정합니다.
③ 필요하다면 다른 사람의 도움을 받습니다.
④ 관계가 개선되지 않을 때는 관계에서 멀어질 필요가 있습니다.
⑤ 시간을 두고 갈등의 감정이 완화될 때까지 기다려 줍니다.

4. 청소년프로그램의 자발적 참여를 위한 방안과 지도사로서의 구체적 접근방법은 무엇인가요?
① 도입단계에 아이들의 흥미를 유발할 수 있는 프로그램을 운영합니다.
② 운영자 중심의 구조화된 청소년지도에서 청소년 중심의 유연한 청소년지도로의 패러다임의 전환이 전제되어야 합니다. 청소년 스스로 청소년활동의 필요성과 중요성을 인식하고 자신의 의지에 따라 자발적으로 활동을 선택하여 결정하게 하며, 나아가 청소년활동에 적극적이고 능동적으로 참여하도록 합니다.

5. 청소년시설이나 기관에 방문한 적이 있나요? 있었다면 어떤 문제점이 있었나요?

- 지역 내 청소년수련관을 방문해서 실습 관련 문의를 하였으나 많은 청소년 관련 시설에서 실습생을 받지 않는다는 말을 전해 들었습니다. 문제점이라면 청소년 관련 시설에서는 당연히 실습생을 교육하고 훈련할 수 있어야 보다 더 전문성이 강조되지 않을까 생각합니다.
  ① 학교공부로 인해 청소년들이 수련활동에 참여할 수 있는 여유와 시간이 부족합니다.
  ② 시설이 부족하고, 홍보 부족으로 주민들의 인식이 부족합니다.
  ③ 수련시설에 대한 설치기준이 모호합니다.
  ④ 접근성이 용이하지 않습니다.

6. 청소년수련시설 및 수련거리 중에서 개선할 점이 있다면?

- 대체적으로 시설들이 위탁운영으로 수익사업을 하다 보니, 목적사업이라고 하는 청소년활동의 지원이나 서비스적인 활동을 할 수 있는 여건이 부족하다고 생각합니다. 열악한 점을 보완할 수 있는 우수인증프로그램을 인증받도록 관리하고, 수련관을 쉽게 접할 수 있도록 차를 운행하거나, 중고생이 많이 이용할 수 있는 시간대로 운영하였으면 합니다.

7. 청소년 과소비에 지도할 수 있는 프로그램은 무엇이 있습니까?

- 청소년 소비활동 프로그램을 만들어 각 청소년들의 효과적인 소비활동 사례를 통해 공유하면서 바람직하지 못한 과소비에 대해 합리적인 경험과 사고를 지각하도록 필요한 교육을 실시해야 합니다.

8. 청소년집단따돌림 대처 프로그램의 문제점은 무엇입니까?

- 프로그램의 민간단체, 학교, 정부기관별로 각각 개별 운영되므로 종합적인 운영책이 미비하여, 자발적이고 주도적인 청소년 참여가 부족합니다.

9. 청소년지도에 활용할 만한 자신의 개인적 특기는?

- 예) 요즘 청소년들은 음악, 스포츠, 연예계 쪽으로 관심을 갖고 있는 것 같아, 저의 특기인 탁구를 통해 마음껏 뛰고 즐기게 하고 싶습니다.

10. 청소년지도사가 청소년들에게 미치는 영향은 무엇인가요.
① 변화촉진자로의 역할이 매우 중요합니다.
② 청소년의 불안과 갈등을 이해하고 수용하게 합니다.
③ 청소년의 개인적 성장지지 및 지원을 하게 합니다.
④ 청소년의 문제해결과 의사결정을 조력하여 사회적응을 촉진하게 합니다.
⑤ 청소년의 잠재역량 극대화를 위한 노력을 하게 합니다.
⑥ 청소년의 올바른 가치관을 심어주고, 청소년기의 자아정체감 형성에 도움을 주어 건전한 성장이 되도록 합니다.

11. 멘토(Mentor)가 된다면 어떻게 하시겠습니까?
① 멘티(Mnetee)들을 대상으로 기초학습 및 교과 지도, 특기적성 지도, 학교생활 상담 등을 지원하겠습니다.
② 지역사회의 여건상 대학생 멘토 모집이 어려운 농·어촌 지역의 멘토가 되어 활동해 보고 싶습니다.

※ 유사질문.
12. 멘토링이 무엇인지 설명하시고, 멘토가 된다면 어떻게 하시겠습니까?
- 멘토링이란 소외계층 초·중·고 학생 멘티들을 대학생 멘토와 연계하여 학생들의 건강한 성장을 돕는 교육지원 프로그램이며, 기초학습 및 교과 지도, 특기. 적성지도, 학교생활상담 등을 지원합니다.
• 멘토 - 경험과 지식이 풍부한 사람, 지도역할, 도움을 주는 역할
• 멘티 - 도움을 받는 사람

13. 청소년자원봉사에 임할 때 어떠한 자세가 필요하다고 생각하는가? (봉사활동)
- 청소년들의 자발적 참여도가 중요합니다. 청소년기에 자원봉사를 많이 하면 지역사회 참여도가 높고, 성인이 되었을 때 성인으로서 살아가는데 영향을 미친다고 합니다. 청소년들의 자원봉사를 시간 때우기 식의 일회성이 아닌 지속적으로 참여하는 것이 중요하다고 생각합니다.

14. 청소년동아리활동을 담당하는 지도자는 어떠한 지도능력이 필요하다고 생각하는가?
- 청소년동아리활동을 지도하는 지도자는 청소년교육의 현장에서 이루어져 왔던 지도능력과 구별되어져야 하며, 청소년들 만남에 중점을 갖고 교육의 대상이 아닌 이들과 함께 문화를 공유하고 생활을 함께하는 문제의식이 필요합니다.

15. 청소년활동의 활성화를 위한 평소 생각은?
- 저는 청소년시설이 청소년의 요구에 맞는 시설로 리모델링할 수 있는 지원이 필요하고, 지도자의 질을 높이기 위해 각종 연구를 지원, 프로그램의 질을 높이기 위해서 우수프로그램을 전국적으로 알리고 홍보하는 것이 필요하다고 생각합니다.

16. 요즘 청소년들에게 유행하는 음악에 대한 개인적인 의견을 말하시오.
- 시대가 빨리 흘러가는 것을 피부로 느낌, 노래를 구사하는 가사가 알아듣지 못하게 빠르고 박자도 빨라지고 있습니다. 이 모든 것이 현대시대의 흐름이 빠르게 변화하는 과정에서 청소년 음악도 변화하는 것으로 봅니다.
시대적 변화는 대세이며, 변화는 수용하여야 합니다.

17. 청소년들이 요즘 대중음악에 빠져 있는 이유가 무엇이라고 생각하는가?
- 지금 현재 청소년들이 여가를 활용할 수 있는 다른 환경이 준비되어 있지 않아 쉽게 접할 수 있는 방향을 선호하면서 빠르게 시대 흐름을 타고 있는 것 같습니다.

18. 자신이 책임자가 되어 청소년프로그램을 준비한다면, 어떤 프로그램을 준비할 것인가?
- 저는 평소에 청소년들과 부모 간, 이웃 간에 대화가 이루어지지 않는 것이 큰 문제점이라고 생각합니다. 그래서 가족 간, 이웃 간에 소통이 이루어질 수 있는 프로그램을 만들어 보고 싶습니다

19. 우리나라 청소년시설의 문제점과 대책은?

- 대체적으로 시설들이 위탁운영으로 수익사업을 하다 보니, 목적사업이라고 하는 청소년활동의 지원이나 서비스적인 활동을 할 수 있는 여건이 부족하다고 생각합니다. 열악한 점을 보완할 수 있는 우수인증프로그램을 인증받도록 관리하고, 수련관을 쉽게 접할 수 있도록 차를 운행하거나, 중고생이 많이 이용할 수 있는 시간대로 운영하였으면 합니다.

20. 청소년들과의 세대 차이를 극복하기 위한 방안이 있으면 설명하시오.

① 청소년들과 대화나 대중매체를 활용해 그들의 생각과 행동을 살펴보고, 청소년의 관심사, 선호하는 청소년의 문화 등에 관심을 갖는 것입니다.
② 열린 마음으로 개방적인 태도와 청소년들의 의견을 긍정적으로 생각하면서 적극적인 수용의 자세가 필요합니다.

21. 청소년들에게 질문 시 '몰라요' 등과 같이 답변이 짧게 나오는 경우가 많은데 왜 이런 대답이 나오는지 자신의 생각을 말해보세요.

- "소통의 부재" 입니다.
- 청소년들이 질문 시 '몰라요' 하는 건 "내가 왜 당신한테 답변해 줘야 하는지 모르겠다"라는 뜻이 있으며, 어떤 질문을 해도 모른다는 답을 하는 건 정말 아는게 없어서 모른다는 것이 아니라, 당신에게 답변할 의무가 없다는 것입니다. 관계가 형성되지 않은 상태에서 답을 요구하는 어른들에게 답변해 줄 필요가 없고, 답변해주는 것 자체가 그냥 지겹고 짜증나는 일입니다.
  먼저 청소년들과 인간관계를 맺고, 그들의 문화와 심리상태를 수용하고 난 다음에 묻고 싶은 것을 물어야 합니다.

22. 성폭력자 신상공개가 어디까지이며, 신상공개에 대해서 어떻게 생각하는지 말해보세요.

① 공개되는 등록정보는 성명, 나이, 주소, 및 실제 거주지, 키와 몸무게, 사진, 등록대상 성범죄 요지, 성폭력범죄 전과사실, 전자(발찌)장치 부착 여부 등이 있습니다.
② 보호할 가족이 있거나 동네에 거주하는 성범죄자에 대한 주의 의무를 다하기 위해 열람하고자 하는 사람은 누구나 실명인증을 통해 공개내

역을 확인할 수 있습니다.
③ 성폭력자는 재범의 위험성이 높고, 어린아이나 힘이 없는 부녀자들을 대상으로 피해를 주기 때문에 사전에 신상공개를 통하여 피해를 예방할 수 있어 좋은 제도라고 생각합니다.
④ 신상공개 대상자는
- 아동 청소년 대상 성폭력범(강간, 강제추행 등)
- 청소년 대상 성매수범
- 청소년 대상 성매수알선자
- 아동포르노 제작 수입 수출자
- 아동·청소년 인신매매법 등으로서 형이 확정된 자

23. 청소년에 대한 무상급식을 어떻게 생각하는가?

- 저는 전체 무상급식을 환영합니다.
왜냐하면, 청소년기의 특성상 무상급식을 나만 받는다고 하면 더 많은 소외감을 느끼기 때문에 다른 사람의 시각에 민감하고, 예민한 청소년시기의 무상급식은 그 자체가 교육이자 민감하고 중요한 부분이라고 생각합니다.

24. 사회변화에 따른 청소년지도자의 방향에 대하여 설명하시오.

① 급변하는 우리 사회에 관심을 갖는다.
② 일정한 틀에 끼워 맞혀진 프로그램을 통한 청소년지도보다는 청소년들의 요구에 따른 프로그램을 운영하는 수요자 중심의 청소년지도가 필요하다.
③ 청소년들이 건강한 성인으로 성장하는 필요한 역량을 배양하도록 한다

25. 전자발찌에 대한 생각을 말해보세요.

- 저는 성범죄자들에게 전자발찌 채우는 것을 찬성합니다. 전자발찌를 채움으로써 범죄자의 위치를 추적, 감시할 수 있고 재범의 가능성을 줄일 수 있어 효과적이라고 생각합니다. 물론 인격 침해라는 반대 의견도 있지만, 제 의견은 전자발찌와 정기적인 정신치료를 무료로 받게 하는 것도 좋을 것 같습니다.

26. 선거권 연령이 만 18세로 확대되었다. 이로써 OECD 36개국 중 18세로 선거연령을 확대한 마지막 국가가 되었다. 이렇게 선거연령을 낮추는 이유는 뭘까요?
- 18세 선거권, 투표연령확대는 정치선진국으로 가기 위한 시대적 요구입니다. 일부에서는 고등학교의 정치화를 지적하기도 하지만, 정치 사회는 민주화 교육수준의 향상 및 인터넷 등 대중매체를 통해 정보교류가 활발해진 사회환경 등으로 인해, 19세 도달한 청소년은 이미 독자적 신념과 정치적 판단에 기초하여 선거권을 행사할 수 있는 능력과 소양을 갖추었다 할 수 있다.

27. 요즘 사회적 이슈는 무엇이고 문제점은 무엇인지 설명하시오.
- 갑작스런 코로나19 여파로 언택트(비대면)서비스가 급속도로 진전되어 시간과 장소에 구애받지 않고 온라인화가 가속되고 있습니다. 그러나 여러 가지 여건과 환경이 맞지 않아 많은 부작용을 초래하고 있습니다. 이러한 문제점을 해결하기 위해서 '언택트(비대면)미래교육'에 대응해야 할 것입니다.
① 사람을 생각하는 교육이 되어야 한다. (지식보다는 마음을 움직이는 교육이 중요)
② 학생의 교육격차가 없어지도록 적극적인 투자지원을 해야 한다.
  (모바일기기 확보의 차이, 교사 간의 원격교육 활용도, 수업받는 자의 능력 차이, 도·농 지역 간 등 교육수혜의 원인으로 교육격차가 일어나서 교육 불균형 초래)
③ 감성과 인성교육의 한계가 있어 가정에서의 감성과 인성교육이 중요하다. (소풍, 체육활동, 학교축제, 동아리활동, 수학여행, 수련활동 등 단체활동의 제약으로 학교의 인성교육이 위축되기 때문)

최종 파이널 예상문제

■ 공통문제

1. 청소년지도사가 되고자 하는 동기(이유)를 말해보시오.
_____
_____

2. 바람직한 청소년지도자상은 무엇이라고 생각하는가?
_____
_____

3. 청소년지도에 있어서 특별한 철학이나 접근법이 있다면 무엇인가?
_____
_____

4. 청소년들과 거리를 좁히기 위해 지도자들은 어떤 태도를 취해야 할 것인가?
_____
_____

5. 청소년지도자로서의 사회적 책임이나 의무는 무엇이라고 생각합니까?
_____
_____

6. 자신의 강점과 단점은 무엇이며, 이것을 어떻게 청소년지도에 활용할 것인가 설명하세요?
_____
_____

♣ 청소년지도사와 지도자의 차이를 법적 근거를 들어 설명하세요.
_____
_____

♣ 최근 시행되고 있는 우리나라 청소년정책 중 하나를 제시하고, 생각을 말해보시오.
_____
_____

♣ 청소년수련관의 배치기준에 대해 설명하시오.
_____
_____

♣ 청소년 관련 사업에 대해 아는 대로 말해보시오.
_____
_____

♣ 관계법령에서 규정하고 있는 청소년의 나이에 대하여 설명하시오.
_____
_____

♣ 프로그램개발과정을 설명하고, 청소년활동 프로그램을 기획할 때 가장 중요하다고 생각하는 것은 무엇인가?.
_____
_____

♣ 청소년쉼터에 대하여 아는 대로 설명하고 청소년지도사가 된다면 어떻게 지도하겠는가?
_____
_____

♣ 청소년 육성과 관련된 법 체계에 대하여 설명하시오.
_____
_____

♣ 가출청소년의 선도방안 및 예방대책은?
_____
_____

♣ 청소년 수련시설 및 수련거리 중에서 개선할 점이 있다면 무엇인가?
_____
_____

♣ 청소년활동진흥원에서 하는 일에 대해 간략히 설명하시오.
_____
_____

♣ 청소년 참여기구 3가지는 무엇이며, 각각 관련법 근거는 무엇인가?
_____
_____

♣ 청소년활동 중 어느 분야에 관심이 있으며, 어떤 프로그램을 진행할 것인가?
_____
_____

♣ 청소년수련시설 중에서 특화시설에 대해 설명하시오.
_____
_____

♣ 청소년수련활동인증제 대해 간략히 설명하시오.

♣ 한국청소년활동진흥원에 대하여 말해보시오.

♣ 청소년복지시설의 종류와 구체적인 특징을 설명해 보시오.

♣ 청소년활동 프로그램의 필요성에 대해 말해보시오.

♣ 프로그램 기획할 때 가장 중요하다고 생각하는 것은 무엇인가?.

♣ '청소년증'에 대하여 말해보시오.

♣ 청소년 방과후아카데미와 방과후학교에 대해 비교 설명하시오.

♣ 요즘 청소년들에게 유행하는 음악에 대한 개인적인 의견을 말하시오.

♣ 인터넷을 통한 음란물 범람에 대해 어떻게 대처할 것인가?

♣ 요즘 청소년들의 특징 중 성인들이 인정해야 할 점은 무엇인가?

♣ 위기청소년을 위한 프로그램은 어떤 것이 있는가?

♣ 자유 학기제와 청소년활동을 연결하여 설명하세요.

♣ 원조교제의 문제점과 대처방안에 대한 자신의 생각을 말해보시오.

♣ 최근 청소년에 관한 이슈는 어떤 것이 있고 그 문제에 대해 어떻게 생각하는지 말해보시오.

♣ 발달이론 중 청소년시기에 관계되는 이론을 말해보시오.

■ 새로이 추가된 정책이나 시사용어

1. 쿨링오프제란 무엇인가?
- 청소년의 게임중독 예방을 위해서 교육과학기술부에서 만든 게임 제한 제도로 청소년 사용자가 게임을 시작한지 2시간이 지나면 자동으로 게임이 종료되며, 10분 후 1회에 한하여 재접속을 가능하게 하고, 게임 시작 후 1시간이 지나면 주기적으로 경고문이 나타나게 하는 방법을 말한다.

2. 인터넷 레스큐스쿨 이란?
- 레스큐스쿨(인터넷에서 벗어나 새로운 나 발견 캠프)를 말한다.
- 여성가족부 주최, 한국청소년상담복지개발원 주관으로 인터넷중독 청소년 대상으로 11박 12일간 운영하는 기숙형 치료캠프이다. 인터넷 단절 환경에서 심리검사, 개인·가족·집단상담, 가족참여활동, 체험/대안활동. 캠프 후에도 관리, 유지하도록 청소년동반자 연결

3. 청소년 멀티방 이란?
- 말 그대로 노래방, PC방, DVD 방의 기능을 한데로 모은 곳이다. 가격도 저렴하고 보드게임도 즐길 수 있어서 대학생과 청소년들의 이용이 많았으나 정부는 이곳을 청소년 탈선현장으로 지정하여 출입을 금지시키고 있다.
이유 - 공간의 폐쇄성으로 음주와 흡연도 가능하며, 침대와 샤워시설이 갖춰진 방으로 이루어져 성관계도 가능하기 때문이다.
그러나, 실제 침대와 샤워실을 갖춘 멀티방은 극히 일부의 일로서, 멀티방에 대한 제제에는 아직도 많은 의견이 분분한 실정이다.

4. 사이버불링
- 모바일 메신저로 언어폭력이나 왕따를 당하는 것으로 가장 큰 문제는 그것이 현실에서 이어져 현실 왕따가 되는 것이다. 특히, 학기 초 반단을 만들어 이야기를 나누는데, 그곳에서 조금이라도 아이들에게 지지를 받지 못하는 행동이나 말을 하면 바로 욕설단톡방을 따로 만들어 그 아이를 초대, 욕설을 퍼붓는 것이다. 욕설단톡방을 벗어나려 해도 계속 초대되어 피해자는 당하기만 하며, 극단적인 경우에는 이를 참지 못하고 자살하는 경우까지

발생하여 사회문제화가 된다.

5. 모바일빅뱅
(1) **내용** - 모바일인프라, 기기, 서비스사용이 폭발적으로 증가하는 현상으로 청소년은 유행에 민감하고, 또래영향 많이 받으므로 휴대폰에 집착할 가능성이 크다.
(2) **문제** - 각종 음란물, 폭력적 게임, 영화를 무차별적으로 접하게 되어 건전한 의식발달에 악영향을 주고, 이를 모방한 범죄가 증가, 사이버공간에 갇혀 생활하여 점점 현실사회와 멀어지고 가족이나 친구들 간 대화도 단절, 심각한 건강상 문제초래
(3) **대책** - 가족대화시간, 친구들과의 오프라인 대화시간늘리기, 휴대폰 외 취미생활, 휴대폰 중독 예방 교육

6. 사이버윤리지수
- 인터넷 기업이 청소년보호 등 사이버 윤리수준 향상위해 얼마나 노력하는지에 대해 객관적으로 측정하고 수준 진단 복합지표(인력, 예산, 기술장치, 교육시스템)이다.

7. 리셋증후군
- 컴퓨터 시스템을 초기화로 되돌리는 것처럼 현실세계에서도 잘못되거나 실수한 부분이 있으면 리셋가능할 것으로 착각하는 현상. 현실과 가상을 구별 못한다.

8. 도가니법
- 성폭력범죄처벌에 관한 2011년 특례법 개정안으로, 광주인화학교를 소재로 한 영화에서 비롯되었으며,
① 장애인여성과 13세 미만 아동을 성폭행했을 경우 유기징역 외에 무기징역까지 처할 수 있도록 규정
② 이들에 대한 성폭행 범죄의 공소시효도 폐지
③ 장애인시설종사자가 성폭력 저지르면 가중처벌 가능
④ 장애인에 대한 성폭력 등 인권침해 방지대책 특별위원회 구성결의안 채택

9. 앰버 경고시스템
- 경찰이 만14세 미만의 실종 또는 유괴된 아동의 공개수사에 들어갈 때 경보를 발령하고 방송과 인터넷, 통신을 통해 대국민 홍보에 나서는 시스템. 1996년 미국에서 실종희생된 아동인 앰버 해거먼의 이름에서 유래되었으며 우리나라는 2011년 법제화됐다.

10. 프리타족
- 프리랜스와 아르바이트를 합성한 단어로 일정한 직업 없이 아르바이트를 통해 돈버는 청소년.
  (1) **장점** - 아르바이트를 통한 현장경험 통해 시행착오를 줄이고 자신감 있게 사회에 진출할 수 있다.
  (2) **단점** - 취미나 유흥문화에 수입의 대부분을 지출하는 계획성이 없는 사람으로 미래에 대한 보장이 없다.

11. 니트족 (Not in Education, Employment or Training)
- 일할 수 있는 능력이 충분히 있으나 일자리를 찾으려 하지 않고 학업이나 직장이나 직업훈련도 받지 않음.
  (1) **원인** - 부모 양육태도, 힘들게 일하지 않아도 부모로 인하여 생계가능, 뚜렷한 목표와 전문지식이 없으나 취업기대치가 높음, 개성 자율성 중시하나 대인관계 원만치 않는 청소년을 방치하는 교육시스템.
  (2) **대책** - 스스로 할 수 있는 문제해결 능력을 길러주며, 봉사활동을 통해 많은 경험을 갖도록 유도.

참고문헌

여성가족부. 2019 청소년백서(2019).
전희일 외(2018). 청소년정책 및 육성제도론. 양서원
배정수, 노자은, 이혜경(2121). 청소년육성제도론. 학지사
진은실, 김도영, 조영미, 이혜경(2019). 청소년활동론. 학지사
김윤나, 정건희, 진은철, 오세비(2018). 청소년활동론. 신정
천정웅, 이지민, 성윤숙(2019). 청소년문제와 보호. 양서원
석철(2016). 청소년지도사면접 2·3급 한 번에 끝내기. 공동체
이정서(2018). 청소년지도사 면접시험 적중문제집. 공동체
이정서(2019). 청소년지도사 면접시험 적중문제집. 공동체
SD청소년지도연구소(2020). 청소년지도사 2·3급 한 권으로 끝내기.
　(주)시대고시기획

김 진 희

협성대학교 교육학 박사수료
협성대학교 사회복지학 석사
청소년학 · 사회복지학 전공
현 경민대학교 사회복지학과 겸임교수
　여이레청소년교육 · 상담센터 대표
　한국도박문제관리센터 예방교육강사
　법무부소년보호위원